金融バブル崩壊

危機はチャンスに変わる

さわかみ投信会長
澤上篤人
同最高投資責任者
草刈貴弘

日経BP

はじめに

もう、いつ大崩れとなってもおかしくない。大崩れ？　そう、世界的なカネあまりに乗っかっただけとしか表現しようのない金融マーケットでのバブル高だが、いよいよ大暴落の途につくのだ。

高値追いを続けてきたマーケットが、暴落局面を迎えるとかの甘っちょろい話ではない。世界の債券市場や株式市場が収拾のつかない投げ売りの修羅場となる。それを引き金にして、あらゆる金融商品が瓦礫のように崩れ落ちていく。

しかもだ、それだけでは終りそうにない。先進各国中心に財政赤字やら国の債務問題が噴き出るはで、世界経済も大混乱に陥ろう。もちろん、人々の生活はズタズタにされる。まさに、大崩落だ。

きっかけは、なんでもいい。世界の株高バブルがある日突然に空中分解するのか、世界中でジャンク債をも含めて社債の起債ラッシュとなっているが、それらが相次いでデフォルト（債務不履行）に陥るのか等々、それこそなんでもいい。

コロナ禍に喘ぐ世界経済を横目に、金融マーケットの高値追いぶりは異様である。これから感染拡大の第三波が、いよいよ本格化しようとしている。なのに、そんなものどこ吹く風で、世界の債券や株価市場は超バブル高に沸いているのだ。

バブル買いの根拠は、ただひとつ。世界中で大量に供給され続けているマネーが、行き場を求めて株式など金融商品に買い群っているだけのこと。

値上がりしそうだから買う。運用益を稼げそうだから買う。ゼロ金利下、すこしでも利回りを稼げればで買う。それだけだ、買いの動機は。

それにもかかわらず、後から後から続くありあまった資金に安心し切って、儲け先を求めては金融マーケットに流れ込んできているのだ。

したがって、金融マーケットのどこか一角が崩れだすと、すべては即座に逆回転をはじめる。そして、壮大な売りの連鎖は世界中で広がっていくのだろう。

あらゆる金融商品が、バブル買いしてきた反動で一斉に売りを浴びて、金融バブルは大暴落の途につくことに。

金融マーケットでの大暴落というが、そんな気配はどこにもないではないか？

現に日本では、日銀による株式ＥＴＦ（上場投資信託）の購入で、株価の下値は岩盤のように支えられているではないか？

さらには、いまや世界の中央銀行ともなっている米連邦準備理事会（ＦＲＢ）が、ジャンク債でもなんでも買いまくっている。また、ジェローム・パウエル議長が２０２３年までは金利を上げないと言明しているではないか？

カネあまりの株高バブルというが、バブル投機の熱気などまったく感じられない。世界の金融マーケットはこのままずっと、カネあまりの高値追い相場を続けるのでは？

多くの経済学者も、現状に肯定的である。大量に流動性を供給し続けている限り、なにも問題は起こらないと主張する。一部では、「バブル崩壊どころか、実体経済の方がそのうちマーケットに追いついてくる」とさえ言っている。

それら専門家の見解もあって、世界の株高バブルも金融マーケットも、崩れっこないのでは？

断言しよう、それでも金融バブルは大崩壊すると。なにごとにも限度というものがある。その限度は、もうそう遠くないと思われる。

繰り返すが、きっかけはなんでもいい。金融マーケットでのバブルが大暴落に至る要因は、山ほどある。それらを本書では、ひとつずつ洗い出してみよう。

きっと読者のみなさん、ブルっと身構えたくなるだろう。「それほどまでに、ヤバイのか」と。

筆者が世界の運用ビジネスで50年間にわたり生き残ってきた経験からも、ここは身構えた方がいい。

いつのバブルも必ずはじけ飛ぶ。金融バブルそして経済の大崩落に押し潰されないよう、しっかりと身のまわりを固めておこう。

それには、経済の本質部分はどことどこで、なにが本当に安心できるのか、自分の頭で考えるのだ。そして、バブル崩壊の大混乱に巻き込まれないよう、一刻も早く自助自立の行動を起こすべしである。

それでなくとも、たとえば日本ではこの30年間ずっと、国全体がユデガエル化の道をひた走っているではないか。問題先送りの政治にどっぷりと浸ったまま、日本

ない。

経済はどんどん弱くなっている。

そんなところへ、金融バブル大崩落などに遭遇したりすると、もう目もあてられない。

なにもかも国におんぶに抱っこの他力本願でやってきた。ところが、頼みにしてきた国の財政運営をはじめとして、多くの社会の仕組みがガタガタになっている。ひとつ間違えれば、ガラガラポンとなるのも覚悟しよう。

もはや、自助自立の道を切り開いていくしかない。それには、日々の生活においても「なにが本物で、どこまで頼りにできるのか」を、一つひとつ見きわめて行動することを習慣化させるのが一番。それが、経済の原点でもあるが。

本物を求めだしたら分かる。なにか起こっても、実体経済は消えてなくならない。そこに、限りない安心感を覚えるだろう。どんな時でも、実体経済から一歩も離れない本格的な長期投資の考え方と、まったく同じである。

ここまでが、本書の前半のテーマである。


そこから先だ、とんでもない現実に直面するのは。

コロナ禍で各国政府は前代未聞の規模で財政資金を投入し続けている。各国の中央銀行も、これまた無制限ともいえる金融資産の買い取りで、大量の資金供給を一段と加速させている。

コロナ危機を乗り切るためには、やむを得ない措置であるというのは、誰もが認めるところ。しかし、これだけ大量に、それもすさまじい勢いで、お金をバラ撒いているのだ。その事実は、これまた無視できまい。

大量に供給され、ありあまってくるものの価値は薄れ、価格は下がる。逆に、足らなくなるものは価値も価格も上がる。それが経済の大原則である。

そうなのだ、お金の価値が大幅に下がっているはず。そう、インフレはもうすでに、はじまっているのだ。その現実に、世界は直面することになる。

これが、本書の後半のテーマである。となると、その先どうなるのか？

金融バブルは崩落しだした。いつのバブル崩壊もそうだが、売りが売りを呼ぶ展開で、マーケットは総崩れとなる。あらゆる金融商品をバブル買いしてきた投資家たちは、一斉の投げ売りに走る。

一刻も早く現金を手にしようとする売りの圧力はすさまじく、その勢いは誰にも止められない。総売りのマーケットで、価格は真空地帯を落下していく。ようやく売れて現金を手にしたとしても、ほんのわずかでしかない。

これが、バブル崩壊で投資家が味わう悲惨である。大きく膨れ上がっていたはずの資産勘定が、とんでもなく小さな額に縮小してしまう。

それだけではない。辛うじて現金化できたものの、インフレ進行でお金の価値が下がってしまっているではないか。ようやく価格下落のリスクから退避したはずが、手にした現金の価値が下がっているという、新たなる悲惨に直面することになる。

それがインフレという、資産保全では最大の敵となるリスクである。現金資産の価値がインフレ分だけ目減りしてしまうのだ。これは、どうにもならない。

インフレというが？　そんな気配は、どこにも感じられないが？　インフレの一番の象徴である金価格をみても、一瞬1トロイオンス2000ドルを超えたものの、いまは1800ドル台をウロウロしているではないか。

狂乱物価にまで行ってしまう教科書的なインフレは、いつでも最後の2～3年間のこと。物価が高騰していなくても、お金の価値が下がっているのであれば、もう立派なインフレである。

世界中でこれだけ大量にお金をバラ撒き続ければ、お金の価値は下がるに決まっている。金融バブル大崩落で株価などが暴落したところへ、静かに、しかしかなりのスピードでインフレが進行していたことを、突如として人々は思い知る。

債券や株価の大暴落で金融資産が大きく減少した。その上に、お金の価値が下がってしまっていたという現実に直面するのは、大きなショックである。

その時は、もう逃げ場がない。となると、世界経済も人々の生活も大混乱に陥ろう。価値観の大混乱だ。

なにしろ、コロナ禍で世界経済はマイナス成長に喘いでいる。経済活動は縮小している、つまりデフレ傾向にある。なのに、現金の価値が高まるどころか、どんどん下がっているではないか。まさに、「どうなっているのだ」である。

頼みの綱だった株高はじめ金融バブルは崩れ落ちた。金融資産は総売りとなり、リスク回避で現金化を急いだものの、お金の価値も下がってしまっていたとなる。

まったく予期せぬ現実が待ち構えていたわけだ。

どれもこれも下がってしまっている。価格体系がズタズタとなり、もう、なにをどうして良いのか見当もつかない。価値観が喪失したような状況下に人々は叩き落される。

さらにやっかいなのは、各国政府も中央銀行も「もはや打つ手なし」の状況に陥ってしまっていることだ。金融を緩和し資金を大量に供給すればいいと長年やってきたマネタリズム政策が、その限界と弊害をさらけ出した。

限界と弊害をさらけ出した？　この30年あまり、世界は金融マーケットや経済をジャブジャブのカネあまり状態にしてきたが、経済成長は期待外れだったし、景況感の回復もさっぱりである。

それどころか、各国とも政府債務は、第二次世界大戦時を含め、過去最悪の水準にまで膨れ上がった。財政赤字幅も危機的に拡大している。

日銀は国債の総発行残高の57％を保有し、事実上の財政ファイナンスに踏み切っている。米ＦＲＢはじめ各国中央銀行も急増する政府債務を賄うべく、国債保有にどんどん傾斜していっている。

法律で禁じられた財政ファイナンスもやむを得ないということだが、これでは財政の規律も健全性もあったものではない。


実は、それどころではないのだ。コロナ禍によって各国はタガの外れたかのような財政支出拡大を実行し、各国中央銀行も一層大量の資金供給に走ってきたが、どこかでその後始末に取りかからねばならない。一体どうやって後始末をつけるのか？

大増税をする？ そんなの、とうていできる経済状況にない。金融を引き締める？ それをやった日には、国債発行コストが跳ね上がり財政赤字はさらに拡大する。では、国債の早期大量償還に走るか？ その原資は、どこから調達するのか。

おそらく、どれもこれも実行できそうにない。ということは、政府や中央銀行もお手上げの状態に追い込まれるのか？

まあ、そういった最悪事態をも想定して、自助自立の体制を築いていくことに尽きる。どうせ、ひどい状況に陥れば、頼れるのは自分だけだということを否応なしに実感させられるのだから。

ここからだ、本当に価値あるものを世界が模索しだすのは。もはや、マネタリズムとかで「資金さえ大量に供給すれば、経済は発展成長する」の経済理論は地に堕ちた。真に価値あるものとはなにか？


われわれ長期投資家は、いつでも本質的な価値を追い求め、そこから一歩も離れない。リーマンショック後も、今回のコロナ騒ぎでも、「資金さえ大量に供給すれば」式のマネタリズム価値観には、ずっと違和感を覚えてきた。

マネタリズムからはじまって、最近のＭＭＴ（現代貨幣理論）やヘリコプターマネーに至るまで、本当にそれが健全な経済活動につながるのか？　そうは、とうてい思えない。

そんなわけで、さわかみファンドの運用では、金あまりバブルに踊っているマーケットとは、ずっと一線を画してきた。

ここへきて、いよいよ「ああ、これは本当にヤバイぞ」と確信するに至った。そこで、本書を緊急出版することにしたわけだ。

本書で展開している金融バブル大崩落と、インフレの到来で社会混乱が現実となるのは、もう時間の問題だろう。かりに、ちょっと早すぎる読みだとしても一向に構わない。とにかく早めの行動に撤しよう。

長期投資で早すぎて失うものはない。得べかりし利益が、すこし減るだけのこと。逆に、後手にまわったが最後、マーケットともどもお陀仏となる。まして、金融バブルがらみの大崩落だ。そんなリスクからは一刻も早く離れておきたい。

そこで、本格派の長期投資で世をリードしている、さわかみ投信最高投資責任者（ＣＩＯ）草刈貴弘にも協力を求めて（第一章～第三章）、本書を一気にまとめ上げた次第である。

澤上　篤人

2021年1月

第一章

膨張を続ける世界の金融市場

今はバブルなのか？

２０２１年１月時点で金融市場はバブルなのか？　この問いに対しての答えは「ハイ」でもあり「イイエ」でもある。人々はいつだってその時の状況を正確に理解することは難しい。そして往々にして、バブルであったということは後になってから分かるものだからだ。

しかし、この本を手に取った読者は今の株式市場、金融市場にどこか違和感があるのだろう。

金利は経済の体温計であるとか、ＧＤＰと時価総額を比較して割高か割安かを見極めるとか、株価は経済の先行指標であるといった具合に、経済や株式市場の見方は様々ある。だが、いずれの見方でも今の状態は異常であり、多くの人が抱いている感覚は正しいのだ。名目ＧＤＰと株式時価総額を比較し株式市場が過熱しているかどうかを計るバフェット指数。投資の神様と言われる米国のウォーレン・バフェット氏が重視するといわれているのでその名がついている。日米共に１００％を現状超えている。過去にこの水準を超えている時は、後にバブル状態であったことが

【図1-1】米国バフェット指数

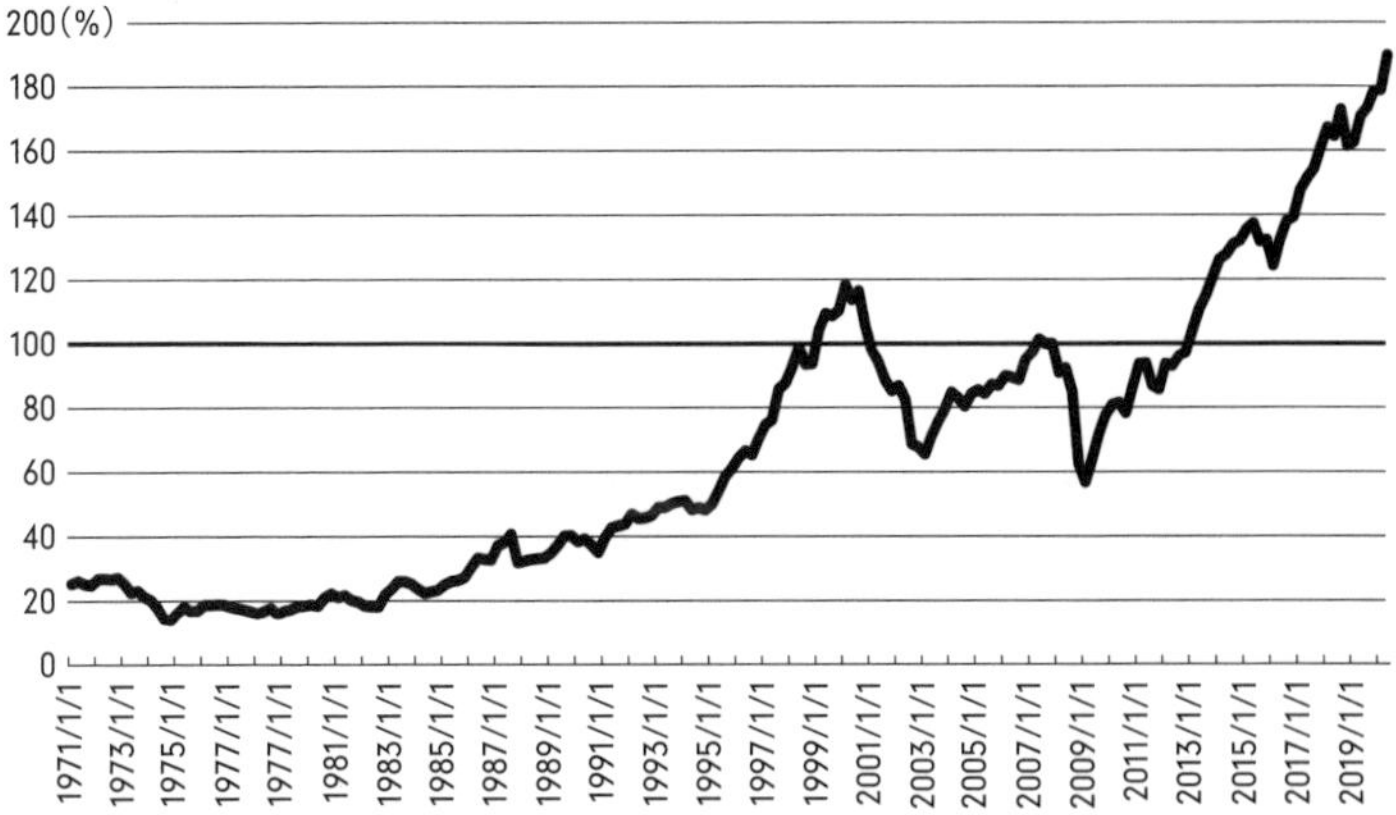

注：米国株式市場の時価総額を米国の名目GDPで割った指数

【図1-2】日本バフェット指数

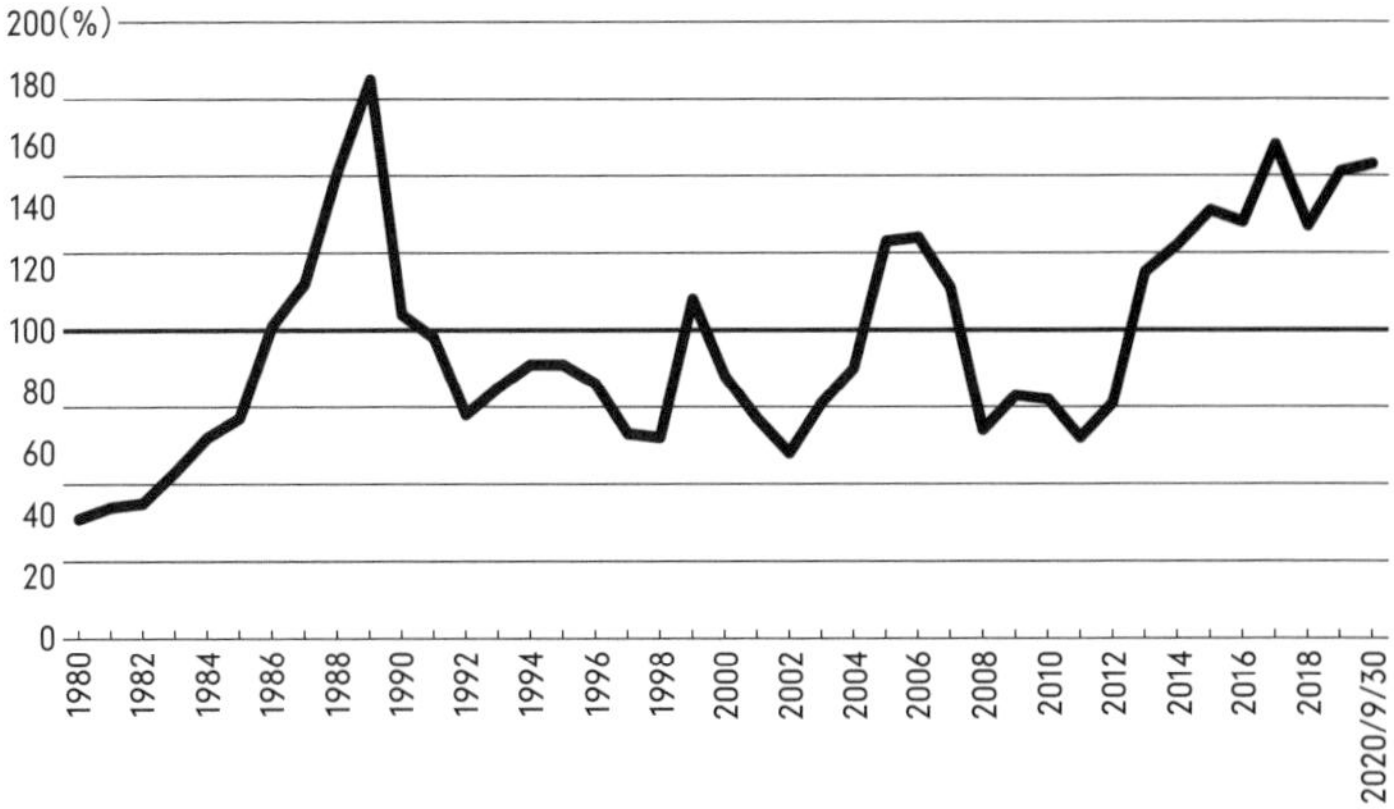

注：日本株式市場の時価総額を日本の名目GDPで割った指数

分かっている。（図1―1、2）

まずは金利という点から考えてほしい。金利が経済の温度であるといわれる理由は、短期金利を中央銀行が操作し債券市場の金利を誘導することで経済をコントロールする仕組みだからだ。

金利を高くすることで経済の過熱感を抑え、低くすることで冷えている景気を温めるという役割を担っている。電子レンジと冷蔵庫というイメージだ。

金利が高い状態というのは、景気が拡大している時や貨幣流通速度が高まり、経済の拡大再生産が加速度的に行われている状態である。分かりやすく言えば、実体経済の拡大に金融が追い付いていない状態で、お金を確保するのが大変な状態とも言える。

電子レンジはマイクロ波と呼ばれる電波で水分子を振動、回転させて摩擦熱を起こして温めている。お金も移動が頻繁になればなるほど経済活動が活況となり、金融市場も温まるので金利が上昇する。

ビジネスを始めるには、まず元手が必要となる。景気が良い、もしくはもっと儲かる案件が多数あるという状態でお金を借りるには、より高い金利を払わなければ手にできない。好景気とは、そういう状況だ。

例えば、お金を借りてビジネスを始めるとしよう。ビジネスがうまくいくかどうかは誰にも分からない。当然ながら倒産する可能性も十分にある。

ある企業が生まれて10年後に生存している確率は、規模が大きければ4割弱で、個人事業主であれば1割程度である。金利が高ければ高いほどそのハードルは高くなるわけだ。

それほどまでにリスクをとってでもビジネスを始めるには理由がある。それは経済が拡大しており、リスクを負ってでも今勝負してみる価値があると考える人が多くなっている状況ともいえる。高度経済成長期などがまさにこれにあたるだろう。

また、物価が上昇し続けている状態、すなわちインフレの時にも金利を高くすることでそれを抑えることができる。インフレに対して戦う人という意味でインフレファイターと称される。

中央銀行が温度調整

最も有名なインフレファイターは、米国の中央銀行である連邦準備理事会（ＦＲＢ）議長や財務次官を歴任したポール・ボルカー氏である。彼がＦＲＢ議長に就任した1979年当時の米国は、二桁のインフレ、高失業率（つまり景気が悪い）のスタグフレーションという状態で最悪の時期だった。

ここで彼は金利を大幅に引き上げ、お金の供給量を抑えることで、インフレを退治することに成功し、米国経済が復活する土台を作った。

自分の体が病気になり、免疫機能が活発化していることで発熱しているようなものだ。金利を引き上げ、スタグフレーション等の病気から立ち直ろうとしたわけだ。

彼の金融政策は米国には良かったのだが、他国にとってみれば、特に日本と当時の西ドイツにとってみれば迷惑なものだった。それもあって、世界の金融市場を混乱させたとも言える。

話をもとに戻して、次に金利の低い状態を考えてみよう。金利が低い状態は経済が冷え込んでいる状態であると前述した。

金利を低くすることで、例えば住宅ローンの金利が下がり住宅販売が伸びる。住宅が売れると住宅を作る業者、販売する不動産業者、土地所有者にお金が回る。土地の価格が上がれば、所有者は転売価格が上昇することになり、不動産業者の手数料収入が上がることにもなる。

住宅投資は物価を加味した実質ＧＤＰに対して３％を占めるので、この産業が活発化することは経済活動に大きく影響する。

また低金利時には、これまで借りていた借金を、さらに低い金利に借り換えることで、個人で言えば自由に使えるお金が増えることになる。そのお金が、消費や投資に回っていくことが期待される。

企業で言えば金利負担はコストになるので、低金利時には収益力を上げることもできる。また、低い金利を利用して借り入れを増やし、積極拡大を考える企業も出てくるだろう。これまでの金利であれば断念せざるをえない投資案件、プロジェクトでも、事業の想定利回りとの比較で十分に回収できると考える企業もあるだろう。

そのような積極性が出てくると、設備投資や新規の雇用、工事や建設、人の移動やより良い職を求める転職、より良い人材を獲得する採用活動と、様々な分野でお金が回り始める。このように、金利を引き下げることで、経済活動を活発化させることを狙っている。

低金利は何が問題なのか～デフレの恐怖～

ここで問題になってくるのが、金利が低いままであるということは経済の体温が低いままであるということである。つまり経済成長は鈍化し、景気回復に至っていないということになる。このような状態にあるのが残念ながら我が国である。

要するに、日本の失われた20年を考えてもらえばよい。日本の金融政策がいわゆる「ゼロ金利政策」になったのは1999年のこと。短期金利を史上最低の0・15%にして、当時の日銀総裁が「ゼロでも良い」と発言したことから、そういわれている。

言わずもがな、日本は1989年にピークを迎えたバブルの後始末に時間を要している。なかなか回復しない経済をどうにか浮揚させるために、金利を押し下げ財政出動を繰り出して、なんとか経済規模を維持してきている。

この間、日本の経済成長はどれほどだっただろうか。バブルのピークといわれた1989年から名目GDPの推移を見てみると、1997年まではわずかながら成長し続けた。その後は500兆円を行ったり来たりしている状況である。

その間、米国は約4倍、中国は55倍、独3倍、英3・6倍、仏2・4倍、伊2・7倍であり、1・3倍の日本とは大きな違いがある。欧州主要国においてもGDPは成長しているが、日本だけは横ばいに留まってしまっている。（図1−3）

日本はデフレ状態に陥ってしまった。すなわち、物価が下がることで価格競争が激しくなり、企業は収益を得られないので雇用の削減や賃金の抑制、設備投資の抑制でさらに景気が冷え込んでしまうというデフレスパイラルになってしまった。

それを脱出するためにゼロ金利を続け、近年ではマイナス金利の導入を行った。それでも経済が活性化しないことから、日銀が直接国債を購入するようになってしまった。

法律では、日銀が国債を直接購入することはできないことになっている。これは戦時中の反省から、野放図な財政出動に中央銀行が加担してしまうと、通貨の信用

【図1-3】世界の主要国のGDPの推移（各国の現地通貨ベース）

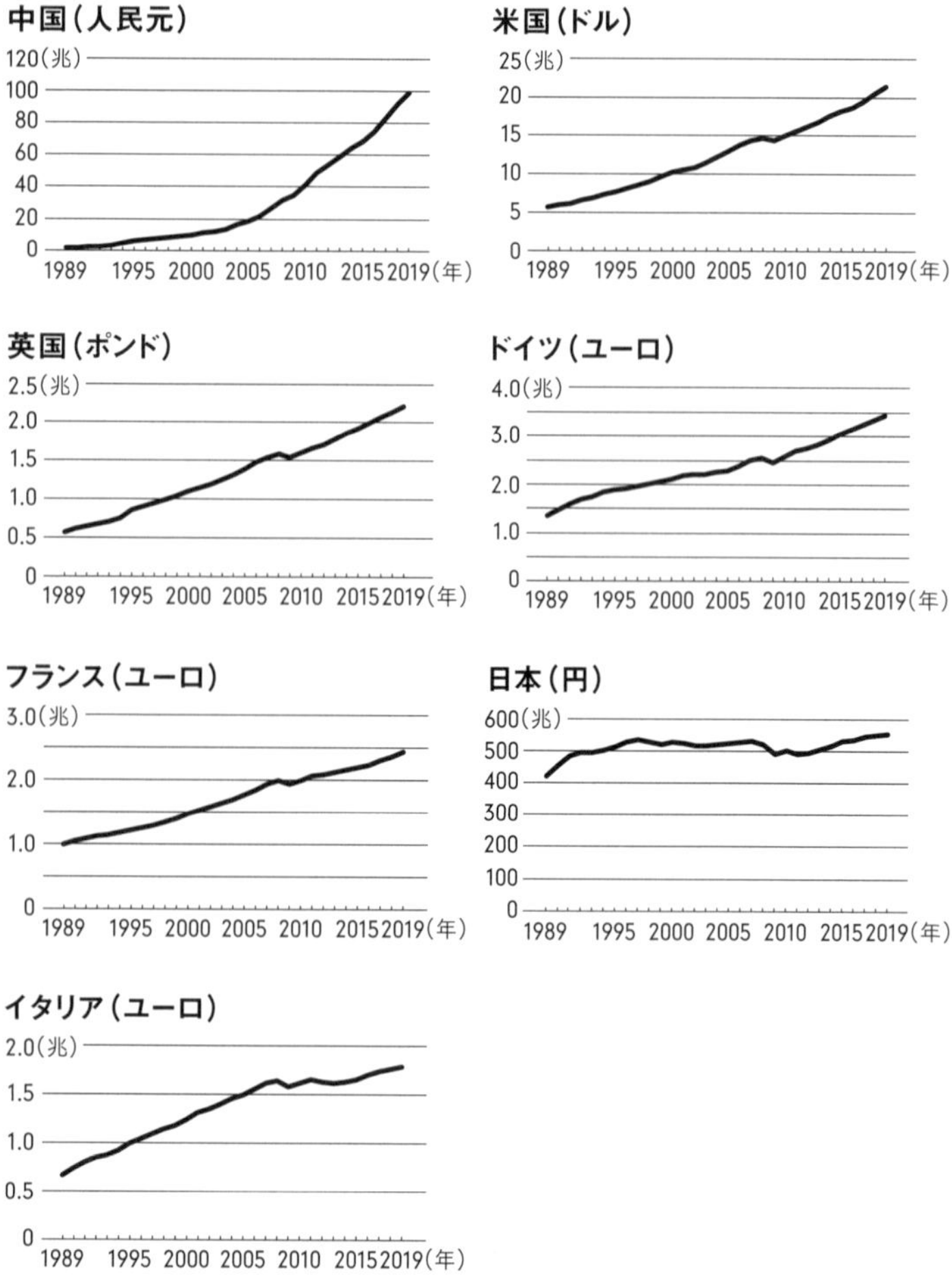

出所：世界銀行

にかかわるからである。しかし、現在は事実上買い入れる額を公表しており、日銀トレードという俗称で呼ばれているルートで国債は日銀に買われ保有されている。株式ETF購入も同様である。株式ETFという満期のない価格変動のある金融資産を、中央銀行がこれほどまでに市場から買い取り、保有するというのは前代未聞の事態である。

このように書いていると、まるで日本だけが絶望的なように見えるが、先進各国も現在は同様の苦しみに喘いでいる。先進国の中央銀行はマイナス金利の導入、国債などの購入を行い、なんとか経済を浮揚させようと躍起になっているのだ。

しかも、これは新型コロナの影響を受ける前から続いていることである。コロナ後では、よりその活動を活発化させているのだ。まるで免罪符を得たかのように金融緩和を拡大させ、市場にマネーをバラ撒きまくっている。

金融政策だけでなく、財政出動という面でも同様である。日本はGDPに対して2・5倍の公的債務残高がある。国家財政でみると、日本は世界で最も債務比率が高い国である。

それでも新型コロナのようなことがあれば、経済を止めないために財政出動して、国民の生活や産業保護へとお金をまわそうとする。だが、財源はやはり借金となる。欧米諸国も同様で、苦しい財政状況の中でも借金を増やして対応している。

コロナは特定の業種に集中的に打撃

2020年という年は、近代史でもエポックメイキング的な年である。新型コロナウイルスが中国から拡散し、東アジアから欧州、米国、そして世界中へと瞬く間に感染が広がった。

世界保健機関（WHO）は20年2月までパンデミックではないという見解を示していたが、結果的に20年3月11日にパンデミックを宣言し、世界中は大混乱に陥った。特に欧米では感染者数と死者数が瞬く間に増大し、各国の首脳が「戦時中だ」といった表現でもって、都市封鎖を行ったのは記憶に新しい。

日本人にとっては56年ぶりの東京オリンピック・パラリンピックということもあり、多くの人が期待や夢を抱いていたはずだ。それが異例の延期となり、人々の移動は制限され、自宅待機などで、一時はまるでパニック映画のワンシーンのように

【図1-4】米国失業率

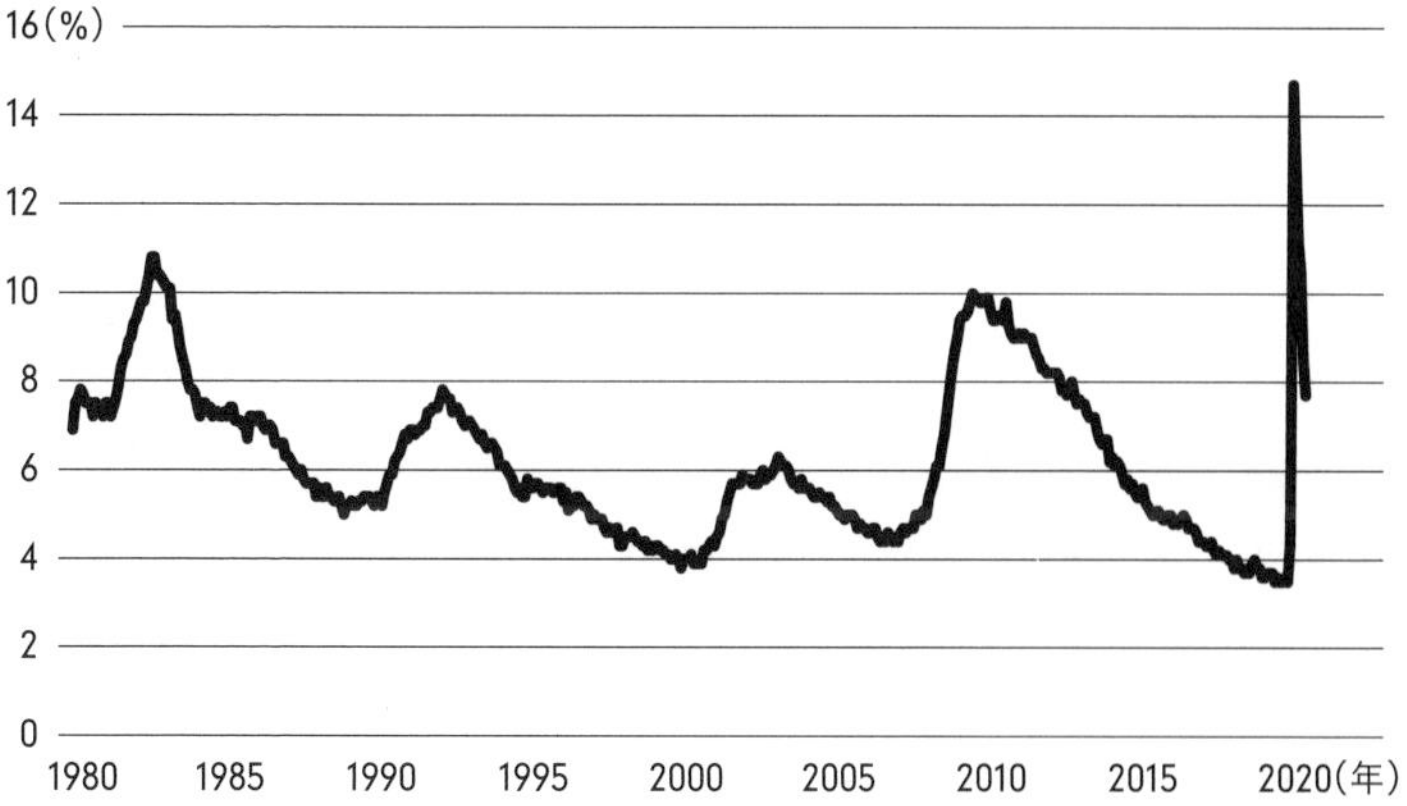

出所：米国労働省

なってしまった。

都市から人が消え、人類が何かに滅ぼされたかのような光景は目に焼き付いている。学校が2カ月間も休校になる、会社に行けない、公共交通機関での移動が激減する、飲食店が一斉に休業させられる、様々なイベントが休止になる。小学校の入学式は、まるで戦後の青空教室。小学校庭に距離を一定にして椅子を並べての式典。これまで考えたこともなかったことが起きた年であった。

そのような状況になれば、当然ながら仕事に影響がでる。それは企業収益に影響し、雇用に影響し、経済全体に大きなダメージを与える。日本国内はもちろんのこと、ロックダウンを厳格に行った欧米、特に感染拡大と死者数の多かった米国では、失業者の数が最大で2300万人に達した。それまで失業率が低下し、4％を下回るほどまで改善してきたところから突然14％を超えるほどになった。今回のコロナによる失業数の急増はとてつもないレベルであったことが過去と比較しても分かる。また、改善してはいるものの未だに高いレベルで失業は続いており、コロナ感染の再拡大は経済回復を遅らせ長期にわたる影響も考えられる。（図1-4）

一番影響を受けたのは航空業界やホテルや飲食店などのサービス産業、一部の小売、レジャー産業といわれるものだ。これらの産業はモノからコトへということで、特に先進国の人々の消費行動がシフトしている中で、これからの成長産業として雇用を拡大させてきた分野でもある。

航空業界はグローバル社会を象徴しており、世界中に旅客を運ぶことでビジネスの拡大に貢献してきた。もちろんレジャーでも使われ、LCC（格安航空会社）の拡大もあり、多くの人々が世界中にアクセスしやすくなった。

日本にも外国人観光客が多数訪れるようになり、2000年ごろまでは500万人にも満たなかったのが、2019年には約3200万人にまで拡大した。この数年間は、訪日客の拡大で業績を伸ばした企業も多く、今後の更なる拡大に期待して投資をした企業や地域も多い。その分、訪日外国人需要の蒸発は国内だけで補えるわけではなく、多大な負担になると考えられる。

これほどの数の人が来ることができるようになったのも、航空業界の発展、拡大が大きく寄与している。

このような需要が突然消し飛んでしまい、現在では世界中で航空会社の存続が危ぶまれている。航空業界はパイロットやCA（客室乗務員）、地上係員はもちろん、整備士、空港のスタッフ、販売店や飲食店、免税店など、それらに付随する仕事もたくさんあり雇用に影響する。

ホテルや旅館といった施設も同様で、観光が一番の産業である地域であればあるほど、今回の問題は大きく影響してしまっている。

製造業も同じ、特定業界に大打撃

そしてそれらにまつわる製造業も同様である。航空機のエンジンはメンテナンスで儲けるビジネスモデルとなっている。航空機のエンジンは高回転で高温、高圧という環境下で稼働しているので、どうしても部品交換の頻度が高くなる。部品自体の精度はもちろん、整備に関しても相当に厳格な基準で行っている。大手航空会社の整備士は、使用する治具の管理まで徹底されており万が一のミスも許されない。

一方で、LCCはコストを極力減らすために、整備士を抱えたり、自社整備場を持ったりしないで、エンジンメーカーに整備も任せるような契約になっている。そのため、エンジン自体は安く売りつつも、整備費用をもらい続けることで長期的に儲けが出るようなビジネスモデルになっている。自動車などでは機体とは別にエンジンを選ぶことはできないが、航空機の場合は違うという特徴からきている。

ということは、飛行機が飛ばなくなればメンテナンスをする機会が激減し、ビジネスモデルが崩れてしまう。一定のメンテナンスを見込んで整備工場や整備士を抱えていたメーカーからすれば大きな負担となってしまう。

これは、エンジンだけでなく機体自体も同様である。となると、それらに部品や素材を卸す企業も同じである。

これまでであれば、航空機は高度な技術が必要で、参入障壁が高く、安定的に稼げると考えられてきたのだが、まさかこのようになるとは考えてもみなかった事態となってしまった。製造業においても多大な影響を受けている。

経済・雇用は大打撃、でも株価は…

ここからが本題である。コロナ不況が世界経済に大きな影を落としたにも関わらず、日本の平均株価は2020年初を上回る水準にまで戻している。米国も同じ状況で、ダウ平均、S&P500種はもちろんのこと、特にナスダック指数と言われる市場平均については高値を更新するほどまでに株式市場は活況となったのだ。目の前で起こっていることが全く別の世界のようである。片方は産業が破壊され、失業が増え、経済に大打撃を受けている。一方で、金融市場は史上空前の高値にまでなっているのだ。

日本は日銀が株式ＥＴＦを懲りずに買い続けているし、米国はＦＲＢが空前の金融緩和と米国政府のとてつもない財政出動によって、お金が株式市場に流れ込んでいることが背景にある。

イナゴ投資家

ここで米国の株式市場で一部の企業の株価がとてつもなく上昇している理由の一つとして取り上げられる個人投資家の例を見てみたい。コロナ後にニュースなどで耳にするようになったロビンフッドという株式取引のアプリはご存じの方も多くいるだろう。

このアプリがロックダウンの後、３００万口座の新規開設となり、総計で１３００万口座といわれている。だが、この企業の成り立ちと現状の使われ方は皮肉としか言いようがない。

まず、米国の失業給付金について話をしよう。2020年3月中旬にロックダウンを開始した米国政府は矢継ぎ早に対策を進め、失業給付の上乗せや、中小企業の

【図1-5】米国の州別失業給付額＋600ドルの上乗せ（1人当たり、週当たり）

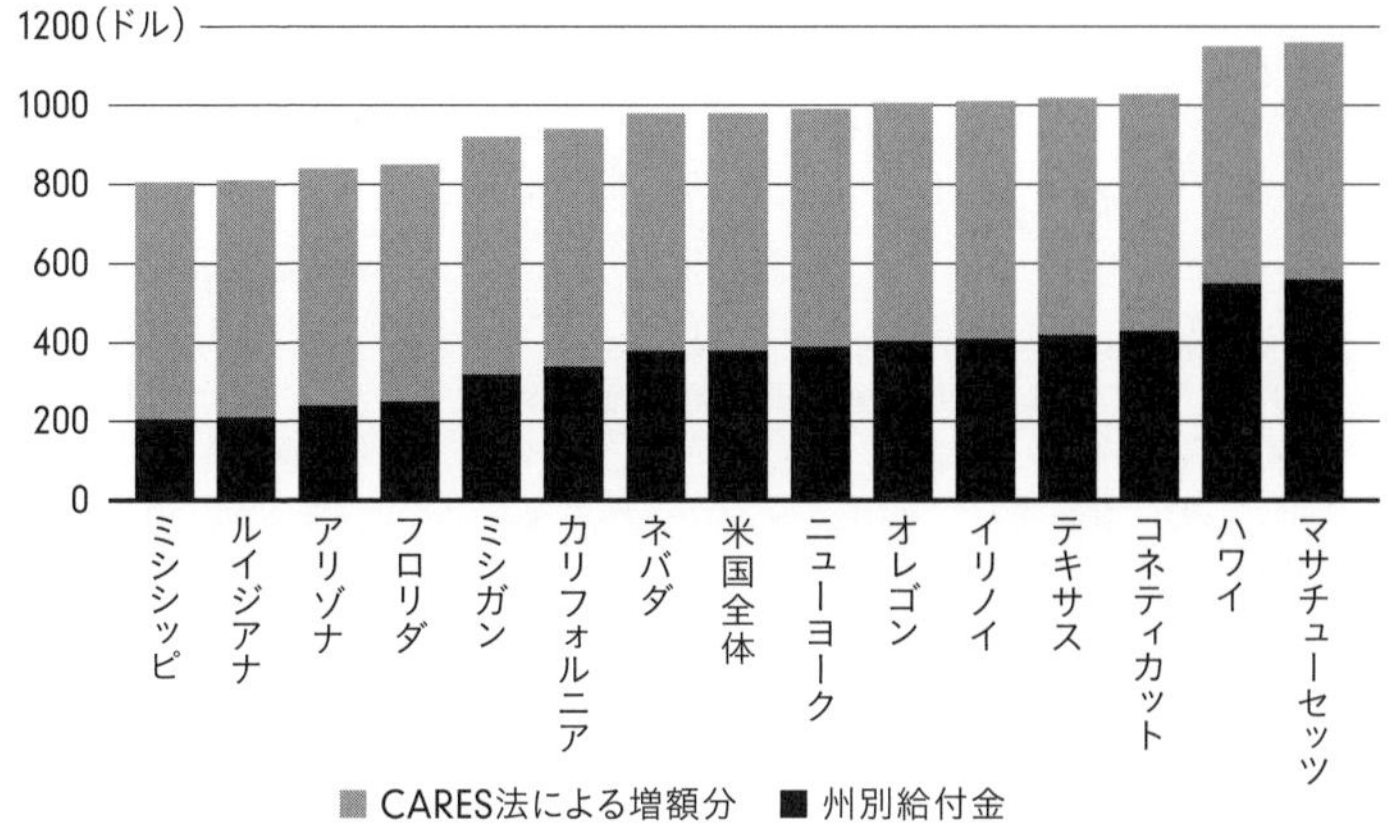

出所：米国労働省、米国労働統計局

給与支払いの肩代わりなどを行った。

これにより、急速に雇用状況が悪化する中でも米国経済が止まらず、市民の消費が一定程度継続できているので、大恐慌時のような状況には至っていない。素早くて大規模な対策は日本政府にも見習ってほしいと思う一方で、その額については多すぎたのではないかと考えられる。

失業給付に上乗せされていた金額は600ドル／週であるのだが、一カ月を4週と考えれば2400ドルにもなる。1ドル105円で考えれば一カ月25万円も上乗せされたのだからなかなかの額である。

増額分を含めた給付額の全米平均は、

雇用統計に基づいた平均週給とほぼ同じである。失業給付の上乗せ額は経済と生活を守ることには確かに役立った。だが、米国民の自主自立の精神を奪ってしまうのではないか、勤労意欲をなくさせるのではないかと懸念している。

失業給付額は州によって違うのだが、一部の州では平均週給を超えているところもあり、いわば働かないほうが得をするところさえある。（図1-5）

ロックダウンで働けない、外に出られないという状況が続いているところにお金がある。そんなところに、ゲーム感覚で株式取引ができるアプリとなれば人々が飛びつくのも無理はない。

このロビンフッドというアプリは、簡単に取引ができる仕組みになっている。手数料は無料で、通常であれば最低単元株を購入する必要があるので株式投資にはまとまった金額が必要だったのだが、ミニ株のように少額でも取引が可能である。その他にもＥＴＦ（上場投資信託）やオプションなども取引ができ、まるでゲームのような操作性もあって絶大な人気を誇っている。

米国金融情報ベンダーのBloombergによれば、一日の取引による売上高は他社と比較すると同社が４３１万ドル、業界大手で３８４万ドル、１８０万ドル、

110万ドルであると報じており、その差はさらに広がっているようである。

ロビンフッドが生まれた背景は、2011年頃に起こった「Occupy Wall Street:ウォール街を占拠せよ」という運動が大きく影響を与えている。08年に発生したリーマンショックは、世界の経済に打撃を与え世界中の金融機関、事業会社を危機に陥れたのだが、結局は中央銀行や政府によって救済された。

この時に批判の矢面に立ったのは、破綻しそうな企業の経営者だ。救済を求めて政府のところに来るのに、自社のプライベートジェットに乗ってきてしまう意識の低さ。それでも巨額のボーナスを保証する金融機関の意識も同様に批判された。

税金によってそれらの企業が救済されたにも関わらず、税金を払っている国民感情を逆なでするような行為であり、額であったわけだ。

米国は超格差社会

そもそも貧富の差が広がっていた米国では、上位1%の富裕層が所有する資産が増加し続けている。それ以外の階層では、所得が低ければ低いほど所有資産の成長率が低いことが、米国議会予算局などから発表されている。

2007年において、上位1%の人口にいる富裕層が米国の資産の約35%を保有しており、次の19%が50%を保有している。「We are the 99%」というスローガンはこの情報をもとに叫ばれていた。

収入においても差は広がっており、1979年から2007年の期間で、上位1%の階層は平均で278%増加したが、60%の中間層では40%、下位20%は18%しか増えていない。物価の上昇率を考えると、中間層と下位層は実質的には減っていると考えられる。

これが米国の中間層が衰退し、アメリカンドリームが過去のものになったと言われる所以である。

この状況下にあって起こってしまったリーマンショックは、その状況を悪化させた。米国では大卒であっても就職することが難しく、大学は自分でローンを組んで卒業する生徒が多いという事情もある。卒業後に就職できないことは返済が滞ることにもなるのだが、政府は打開策を打ち出すことができなかった。

加えて、大きすぎて潰せないという理由から救済される大企業や金融機関、その経営者や既得権で守られている人々だけが裕福になっていくことを目のあたりにして、政界と経済界に対しての抗議がウォール街で始まり世界に広がっていった。

金融の民主化が新たなバブルを生んでしまう皮肉

スタンフォード大学の学生によって創業されたロビンフッドは、そのような状況の若者に投資のチャンスを与え、多額の収入がなくても誰もが利用できる金融サービスを提供しよう、金融を民主化して一般市民の手に取り戻したい、という発想から作られたものである。

結果的に多くの市民に利用され、金融サービスは民主化したと言える。コロナ禍において、米国の一般市民は株式投資によって這い上がるチャンスを手に入れたわけだ。その点では創業時の理念は十分に機能しており、成長する理由も良く分かる。

だが、なぜ筆者たちが皮肉に感じてしまうかというと、多くの利用者にとって使いやすくゲーム感覚で行える投資が、実はギャンブルになってしまっていると考えているからである。

投資について理解が進んでいない人であっても、アプリの利便性やゲーム感覚で扱えるという操作性によって損失リスクを感じないのだ。契約内容をよく理解していないないにも関わらず、オプションや信用取引ができてしまうことになる。多数の人々をオンラインのカジノに放り込んでいるとも言えるからだ。

たとえばオプションという金融商品は、権利を売買するものである。権利をいつ行使するかは契約によって違うのだが、そもそも権利を行使する期日が近づけば近づくほど価値が減っていくことが通常である。

なぜならば、ある原資産をある価格（権利行使価格）で買う、売るという権利を保有しているとしよう。期日が近いということは、その原資産の価格がいくらぐらいになるのか予想がつきやすい。

将来予想が未来になればなるほど難しい、当たらないのと同じである。だからこそ決められた価格で取引ができることに価値がある。

期日が近づいているにもかかわらずオプション価格が上昇するという、通常では考えられない事象が発生している。2020年の夏、米国市場で特定業種の企業の株価が大きく上昇したのだが、その理由として信用取引やオプション取引に多くの参加者が流れ込んできたことが指摘されている。

なぜ投資の初心者だった人々が殺到したのか。その事情はNHKの報道などで多くの日本人にも知られたわけだが、生活に困窮していたシングルマザーがこのアプリを利用して巨額を手にしたということがSNSなどで拡散したことで、「自分も稼げる」と思った人が殺到したと言われている。

理解せずに投資するのは日本のバブルの再来？

米国でロックダウンが行われていた時に起こった現象としては、米国市場に上場している中国企業の株価が1日だけ急騰しすぐに元に戻ったという事例さえある。その企業の株価が上がった理由に、その企業の名前がアルファベットのコードでFANG（フェイスブック、アマゾン、ネットフリックス、グーグル）に非常に似ており、多数の取引初心者が間違えて買ってしまい価格が上昇し、機械取引のそれに反応したことがある。

みなが自分も儲けたい、となにかに飛びついてしまう。その思いが大群となって飛び回っている、まるでイナゴの大群が我先にと植物に飛びつき、食べ尽くすかのようである。

アフリカや中東では異常気象からサバクトビバッタが大量発生して、食糧生産や自然への影響が懸念されたが、金融市場ではイナゴ投資家の大量発生が市場を大きく変化させてしまっている。

それが良く分かる事象がもう一つある。それは、いわゆる一般の人々が知っている企業の株に集中して取引がされているという点である。例えば、GAFAM（グーグル、アマゾン、フェイスブック、アップル、マイクロソフト）といった企業や、リモートワークとなり世界中で利用者が急増したZOOM、EV（電気自動車）で有名なテスラなどである。

ロビンフッドは日本株にも投資ができるので、そのような選び方で任天堂とソニーの株価が特に上昇している。

任天堂はロックダウンの間にゲームの中で交流ができる「あつまれどうぶつの森」というソフトが爆発的ヒットとなり、コロナの感染拡大で隔離された生活に疲れた人々の癒しとなったと米国で高く評価された。

この「あつまれどうぶつの森」は、米民主党が大統領選挙のキャンペーンに利用すると発表し、ゲーム好きでなくても注目を集める存在となった。それもあり同社のゲーム機であるSwitchも品薄で、高額で転売されるほど好調であることもあり、多くのロビンフッド利用者（ロビンフッダー）に投資された。

ソニーの場合は米国での知名度はもちろん、プレイステーション5発売への期待もあり、投資家の裾野が広がっている。

ここに挙げた企業は、確かにコロナ禍であっても利益を出していたり、むしろ事業を成長させたりする企業が多い。そういった面では正当に評価されていると言えるものの、評価自体がそもそも高かった（株価が高かった）ところに、さらにお金が流入したことで、現在の株価を正当化するのは難しいのではないかと思えるほど高騰してしまった。これによって先ほどのオプションの話がつながってくる。

オプション価格が理論値を超えている価格まで高騰し、取引されている事実を紹介した。そのような状況が生まれてしまう理由は、それが論理的に成り立たないはずであることを無視して取引している投資家が増えていることにある。その資産の価値を正しく把握しており、商品特性を理解していれば起こらない現象だ。

有名だから、株価が上がりそうだということだけで取引してしまうと、過去のバブルと同じような状況を招きかねない。

機関投資家はバブルが始まると認識している

株価が上がるには、それ相応の理由がある。そして説明できないほどになると、説明するための材料が出てくる。ここ数年の株価上昇の説明力は、自社株買いの活発化と金融緩和と低金利である。

まず自社株買いについて見てもらいたい。特に米国の株式市場（S&P500）はリーマンショックの後、多少の変動があったにせよきれいな右肩上がりである。日本、欧州といった他の先進国の株式市場とは大きな違いである。

株価を説明するには様々なやり方がある。最も一般的なやり方としては、一株当たりの利益（EPS）×株価収益率（PER）＝株価（PRICE）で説明することがある。だからEPSの成長というものに投資家は注目する。

普通に考えれば、企業の利益が増えることによって利益が増えるのでEPSも成長する。ところが、会社の利益が増えなくても株数が減ることによって、ＥＰＳは拡大させることができるのだ。では、なぜ企業はそのようなことをするのだろうか。

一つ目は、米国では短期金融資本主義が台頭し、株価上昇こそが経営者の使命になってしまったからである。「企業は誰のものか」という問いに対して、株主のものというのが米国企業における常識であった。

株主は経営者に経営を委託しているのであって、あくまで所有者は株主であるという考え方である。経営者は株主のほうを見て経営することが求められる。株主のためということは配当を増やす、維持する、株価を高くすることが求められる。

この短期金融資本主義が行き過ぎてしまい、格差拡大を招いてしまったという反省から、近年米国でもこの考え方を見直すという活動が経営者の中でも生まれている。だが、正直言ってまだまだ大きな変化には至っていない。

自社株買いによって、そもそもの成長にプラスアルファでＥＰＳが成長すれば、株価は上昇する。それは、経営者にとっても良い選択であったことになるのだ。

二つ目は、低金利によって借り入れの負担が低くなったことである。企業の資本は銀行借り入れや社債の発行など、負債で調達した資金である他人資本と、株主から調達した資金である自己資本とに大きく分けられる。

銀行借り入れや社債は、もちろん借り入れする企業の信用や財務状況、将来性などを加味して金利が決められる。一方、株主が要求する期待リターンは、投資をする株主によって違うものの、当然ながら倒産リスクを考えなければならず、国債や社債の金利よりは高くなる。

つまり、他人資本と自己資本を金利で比較した場合には、株主の要求リターンのほうが高い（金利が高い）のである。

金利より高い株主の要求リターン

ここで経営者の立場で考えてみよう。もし銀行借り入れや社債の発行が可能であり、株主から高い要求リターン（株価の上昇）を求められていたらどうするだろうか。

負債で調達した資金で自社株買いを行えば、一石二鳥になる。それどころか、計算上は自己資本比率が低くなるので自己資本純利益率（ＲＯＥ）が高くなり、優れた経営者の称号も得られる。

リーマンショックの後、中央銀行は金利を低くし資産買い入れなどを組み合わせて大規模な金融緩和を続けてきた。銀行は低金利の状況では貸し出しによる利ザヤで稼げなくなるので、より収益機会を求めるようになる。その一つが社債の発行手数料であり、社債に対しての投資である。これが企業の自社株買いに追い風となっている。

事実、S&P500が右肩上がりに上昇していると言ったが、リーマンショック後の株価上昇においては、自社株買いが大きく押し上げていることが分かる。

2012年～2019年末までのS&P500の時価総額の上昇分は15兆ドルなのだが、その期間に自社株買いに使われた金額はなんと4・4兆ドルである。同期間に支払われた配当金3兆ドルより、はるかに多い。

もちろん自社株買いが行われたからといって株価が上昇を続けるということではない。その企業への期待が低くなるのであれば、先ほどのPERが低くなることで株価は上昇しない。

だが、単純に比較したとしても4・4兆ドル／15兆ドル＝29・3％となり3割も押し上げていると考えられる。自社株買いと配当を併せた総還元では7・4兆ドル／15兆ドル＝49・3％にまで拡大し、その影響力がうかがい知れる。

もちろん、企業が成長を続けていれば問題ではない。だが、同期間におけるEPSの成長率は、一株当たりの売り上げや企業の売り上げの成長率を上回っており、自社株買いの効果によってEPSが押し上げられていることが良く分かる。

2018年以降でいえば、米国ではトランプ政権に替わったことで法人税の減税が行われたこともあり、EPSの成長や大規模な自社株買いが行われ株価水準を押し上げてきたのだ。

株価上昇の方程式

低金利が自社株買いを誘発し、株価を押し上げてきたことだけでなく、まだ他にもPER側を押し上げる効果がある。それを使うことで、説明がつかないほどの株価上昇を説明できることから、そのモデルを使って説明をする専門家がいる。そして、彼らはその説明の中でバブルに向かっていると断言している。

そのモデルというのは、以下の通りだ。理論株価の計算式として、ＥＰＳ、もしくは一株当たりＦＣＦ（フリーキャッシュフロー）を、ｒｆ（リスクフリーレート：国債利回り）とＲＰ（リスクプレミアム：上乗せ金利）を足したものからｇ（成長率）を引いたもので割るというものである。

式：　ＥＰＳ（一株当たりＦＣＦ）／（ｒｆ＋ＲＰ）－ｇ

これは、現在のＥＰＳや一株当たりのＦＣＦを、株主の要求リターンから成長率を引いた利回りで割り引いて理論株価を出すモデルである。

これは、配当割引モデルと言われるものだが、最近は配当を出さず成長させるために使うハイテク企業も多く、配当原資である利益やＦＣＦをもとにする形で考えてみた。

ここで具体的な数字を入れて考えてみたい。まず、ある企業のＥＰＳが50円、ｒｆが４％、ＲＰが６％、成長率を５％で考えてみる。計算すれば理論株価は１０００円となり、ＰＥＲで考えると20倍ということになる。

では金融緩和で金利が下がったとして半分の２％で計算してみる。すると、理論株価は１６６６円なので６割以上も上昇することになり、ＰＥＲでは33倍となる。

さらに金融緩和が進みゼロ金利になったとしよう。その時の理論株価はなんと5000円で、金利が4％時の5倍、2％時の3倍である。PERで考えると100倍というとてつもない評価となる。

金利が低くなればなるほど株価の上昇圧力が高まるのが分かるだろう。同じ2％の金利低下にもかかわらず、4％から2％への金利低下の場合は66％ほどの上昇となるのだが、2％から0％の場合は200％の上昇となるからだ。

先ほどは成長率のgを5％にしていたが、成長率を高くした場合にはどうなるだろうか。例えばgを6％で計算してみると、rf 4％の場合で理論株価は1250円となりPERでは25倍。rf 2％の場合では2500円のPER50倍だ。

最後のrfが0％の場合は計算ができないので、あえてrfを0・1％で計算してみると、なんと株価は5万円となりPERは1000倍となる。まさに説明がつかないほどの株価だが、計算では説明できることになってしまう。

低金利だから株価上昇ってホント？～成長率が一定～

ここで、しっかりと考えなければならないことがある。一つ目は、計算では成長率を5％で一定としているのだが、その成長率を維持し続けることは本当に可能なのかということである。

二つ目は、それに対するリスクプレミアムが変わらないことは本当に正しいのか、ということである。

そして最後に、政策金利がゼロ近いということは、成長が難しいということでもあるのではないかということだ。

まず一番初めのモデルで考えてみると、ＥＰＳが50円で株価が１２５０円ということなので、ＰＥＲという尺度で測れば25倍ということになる。ＥＰＳは一会計年での数値なので、25年間分の利益ということになり、それまで待つという考え方もできる。

10年ひと昔という考え方をあてはめれば、25年分ということは2周半も待つことになる。もはや時代が変わっている可能性すらある。

10年前の２０１０年前後に、ちょうどスマートフォンが普及し始め、ＰＣや半導体産業、通信業界を中心に生活が一変した。

それまで優れていたとされる企業やビジネスモデルが一変し、その余波から消費者の生活様式にも変化を与えることとなった。テレビや雑誌、新聞からSNSに替わり、買い物はECで済ませられるようになり、配車サービスや決済手段など様々な業界の秩序を変えてしまったわけだ。

そのような事実を考えてみると、25年という期間を待つということは、かなりのリスクをはらんでいる（ように見える）といえる。つまり、実際は割高というふうにも見える。PERの尺度で200倍ともなると、200年も待つことを意味する。もはや世紀をまたいでいる。

確かに近年のハイテク企業の株価上昇が顕著である理由は、1年当たりの成長率が高いということにある。毎年二桁％の成長を続ける企業も多く、十分に時価総額が高くなっている企業でも、今も成長を続けている企業は多い。

それ故に高い株価が容認されているのだが、大企業になればなるほど成長は難しくなる。時代の変化も考慮に入れればなおさらだ。

日本は100年企業が多いといわれており、企業の新陳代謝が進まないことや起業家精神が低いことが、経済成長しない理由の象徴として取り上げられることがある。しかし、ＰＥＲ２００倍とは、その１００年を超える年数を待っても良いという評価を意味し、それと矛盾しているようにも見える。

しかも、これは利益を１００％配当で還元することを表している。実際の配当でもって投資額を取り戻そうと考えると、さらに年月が必要だ。ほとんどの企業は利益をすべて配当や自社株買いで株主還元することなどまれである。利益の一部を内部留保にすることや、借入金や社債の返済で財務体質を強化したりする。

多くの場合は研究開発や設備投資、人材育成やＭ＆Ａを活用し、将来への成長に向けた投資を行ったりする。それでもって、さらに成長することに使う。それにより企業の継続性や将来成長への期待が高まることで、ＰＥＲが上昇し株価も上昇するので、実際にはＰＥＲ数字の年数ほど待つ必要はないとも考えられるのは事実である。

だが、やはり永遠に成長を続けるということはとても難しいことである。また、それを想定しておくというのはほぼ不可能に近い。

低金利だから株価上昇ってホント？
～リスクプレミアムは変わらない？～

二番目のリスクプレミアムについては、一つ目に関連するのだが、将来を想定する期間が長くなればなるほど価格変動のリスクは高まる。そのため、リスクプレミアムを上昇させる必要があるはずである。

先ほどのスマートフォンの話から考えてみよう。消費者の生活様式を変えるということは、文化や政治をも変化させることになる。

アラブの春といわれるイスラム圏の政変は、統制されてきたメディアではなくSNSによる拡散が大衆を動かしたといわれている。

またそれによって、北アフリカやシリアでは内戦状態になり、多くの人々が難民となり欧州などを目指した。

スマートフォンの地図アプリによって正確な位置が分かるようになり、どの方角へ向かえば欧州に着くのか、SNSを使ってどの経路で行けば助かる可能性があるのかなどを共有できるようになった。以前と比較して格段にハードルが下がったことから、欧州へ向かう難民が激増したとも考えられている。

このように、イノベーションが生まれ、生活様式を変え、文化を変え思考を変える製品やサービスの登場が、国家や地域にすら影響を与えうる。また、イノベーションが既存の秩序を破壊する可能性があるし、国家間の政治的対立の火種ともなる。

現実的に米中問題がそうであり、中国ハイテク企業への締め付けは、まさにリスクプレミアムの上昇と言ってよいだろう。しかし多くの場合、このリスクプレミアムは「rｆに対して」ということであるので、ほとんど考えられていない。

なにしろ、国債の利回りが現状の超低水準をずっと維持するなんて、とても思えないのだから。

低金利だから株価上昇ってホント？
～低金利は低温で景気は悪い？～

最後の問題が最たる矛盾である。金利は経済の体温といわれている。景気が良い時は市場のお金が素早く回り（貨幣流通速度）、新たなお金を生み出すことで経済のパイが大きくなる。

そのスピードがどんどん上がっていってしまうと、バブルやインフレになり、経済が混乱してしまうので、政策金利を上げることでコントロールする。それが現在の経済システム、銀行システムである。

逆説的に言うと、金利がゼロに近いということはほとんど成長しないと言っているようなものだ。

もちろん、経済を成長させるための撒き餌として一時的にゼロ金利とし、経済を活発化させることを目的としたりする。だから本当に成長しないと思っているわけではないのだ。

だが、リーマンショック以降、日米欧の主要先進国は長期にわたりゼロ金利、金融緩和政策を取り続けてきたわけだし、日本においては20年以上もそれが続いているのだ。

そういった環境の中でも成長を続けている企業はたくさんあり、それらに投資をすれば良いわけなのだ。だが、経済環境として成長が難しい状況であるのは間違いない。その状況下で、起業を促進することだけで成長を求めるというのは無理があると言える。

成長企業はニーズを拾い上げ、新たなサービスでこれまでの不便さや課題を解決したり、新たな市場を創り出したりする。だから、成長率が高くなるということは良く分かる。

一方で、経済全体がそれほど成長していないということは、既存の産業や企業からお客を奪っていくということになる。

ビジネスで起こる当然の栄枯盛衰なのだが、それが起こっている現場では雇用が失われ地域が疲弊し、不動産価格の下落や、経済の縮小が起きる。その地域、産業で働く人々は困窮し、一方で波に乗る産業にいる人は豊かになる。その結果、格差が拡大していくことになる。

低金利で無理やりにでも成長させようとすると歪みが生まれ、パイの奪い合いになりかねないのである。

理論上では、金利が低いことは確かに株価を上げる要因ではある。しかし、だからといってそれを無条件で信じて良いとは思えない。

ここで触れたように、理論的にリスクプレミアムや成長率を考えれば、ｒｆだけを下げて高い評価を正当化しようとするのはおかしな話である。低金利による倫理的な問題をはらんでいる。

確かにデジタル化は追い風だが

新型コロナの感染拡大後の特にハイテク企業における株価上昇については、デジタルトランスフォーメーションが急速に起こったことで、通常であれば2、3年は時間を要する変革になるはずが、今回は2カ月という超短期間で起こってしまったこともあり、短期的に高い成長率が期待できることは間違いない。

また、競合が少なくその市場ではほぼ独占的になっている企業や、IT産業特有のネットワーク効果、再生産コストが非常に低いという特性が収益力と利益率の向上に役立っている。それ故に期待値が上がっていることも否定できない。

だが、それでも説明が難しいほどまでに株価が上昇してしまう理由はいくつかある。とにかく右肩上がりで上昇する株を見て初心者が多く市場に参加してきていること、株価は買う人が増えれば増えるほど上がってしまうこと、異常に高い株価であっても説明するモデルを使って、今起きている現象を正当化できてしまうこと、その市場の勢いに乗らなければならないプロの投資家がさらに助長しているということなどだ。いわば、今はＧＯ ＴＯ バブルのキャンペーン真最中なのである。

ちなみに、中央銀行の中央銀行と呼ばれるＢＩＳ（国際決済銀行）が金融システムを四半期で評価しているのだが、２０２０年３月以降の株式市場の上昇に対して低金利によってもたらされた効果を数値化し、米国は上昇の半分、ユーロ圏は上昇の１／５を占めているとしている。

各国の中央銀行は、自国の政治との関係でこのようなことを示すことはない。格差を生み出している、バブルが崩壊した責任を押し付けられたくないといったようなことが理由だろう。

現実を見つめてみよう

このように見ていくと、株式市場がコロナ前の水準に戻っていることに疑問を感じずにはいられない。

確かに第一波のあと、重症化する患者数は減り、感染者数と死者数の増え方も一旦は落ち着いた。当時は特効薬やワクチンがなく、治療法も確立していなかった。

その状況下で、インフルエンザのような既存の感染症に対しても耐性が低いことや急性疾患になる可能性が高いとされる高齢者や基礎疾患がある人といった条件に当てはまる人だけでなく、たとえ年齢が若く健康的な人であっても過剰な免疫反応が自分の細胞を傷つける「サイトカインストーム」が発生した場合には手が付けられない、人工呼吸器がなければならないほどであったから世界は混乱した。

人工呼吸器を扱える医師が少ない、地域によってはＥＣＭＯ（体外式膜型人工肺）が足りない、集中治療室が満員だ、医療資材が足りず医療従事者にも感染が広がっているといった報道が先行してしまい、恐怖が必要以上に蔓延してしまった感がある。

だが、現実にも欧州では再び行動制限措置が取られるなど、世界的には第二波、第三波への警戒は怠れない状況だ。このような状況が進めば以前のような経済活動に戻ることは難しいのかもしれない。

特定の業界や産業においては相当のダメージが残るということを想定しておかな

ければならない。すでに、これまでに紹介した航空業界やレジャー産業、サービス産業での雇用や所得の減少がニュースに出てきている。

この状況が長引くことは、政府や為政者たちにとっては悩みの種である。雇用状況が改善しない、所得が減少するということが続いてしまえば、社会保障などの問題にも発展する。また、雇用を生み出すことや再教育を行うにしても時間がかかるもので、状況が改善しない民衆の怒りは結局政府に向けられてしまうからだ。

だから為政者たちは〝今〟を何とかするために、御法度であった策にでも手を付けてしまう。そして議会や既得権益を持つ人たち、様々な立場の人たちからの意見を集約せずに素早く決められる金融政策での対応に期待し甘えるということになってしまっているのだ。

第二章

世界経済は
バブルの上にバブルを
積み重ねている

バブルとは何か？

ここでバブルとは何かを考えてみたい。バブルとは、実質的な価値とはかけ離れた価格にまで特定の資産価格が上昇してしまうことである。

それまで関心もなかった人たちまでもが「儲かる！」「乗り遅れてはいけない！」と思い、続々と市場に参入し、まるでその状況が永遠に続くかのような熱狂状態になっていることである。

これまでも人類は何度もバブルを経験している。その時点においては、人々は確かに熱狂しており、なぜそんなものに大金を払っていたのか分からないようなものまである。

しかし、人間の社会性というものがマイナスに働いてしまうのだ。いわば集団ヒステリーのようなもので、その時は気づくことはできない。

人類が過去に起こしたバブルについては、後の章で見るとしよう。ここでは、過去のバブルと現代のバブルの違いについて考えてみたい。

結論から言えば、現代のバブルは金融政策、つまりは金融緩和によって生み出さ

【図2-1】繰り返す危機対応とバブルの発生

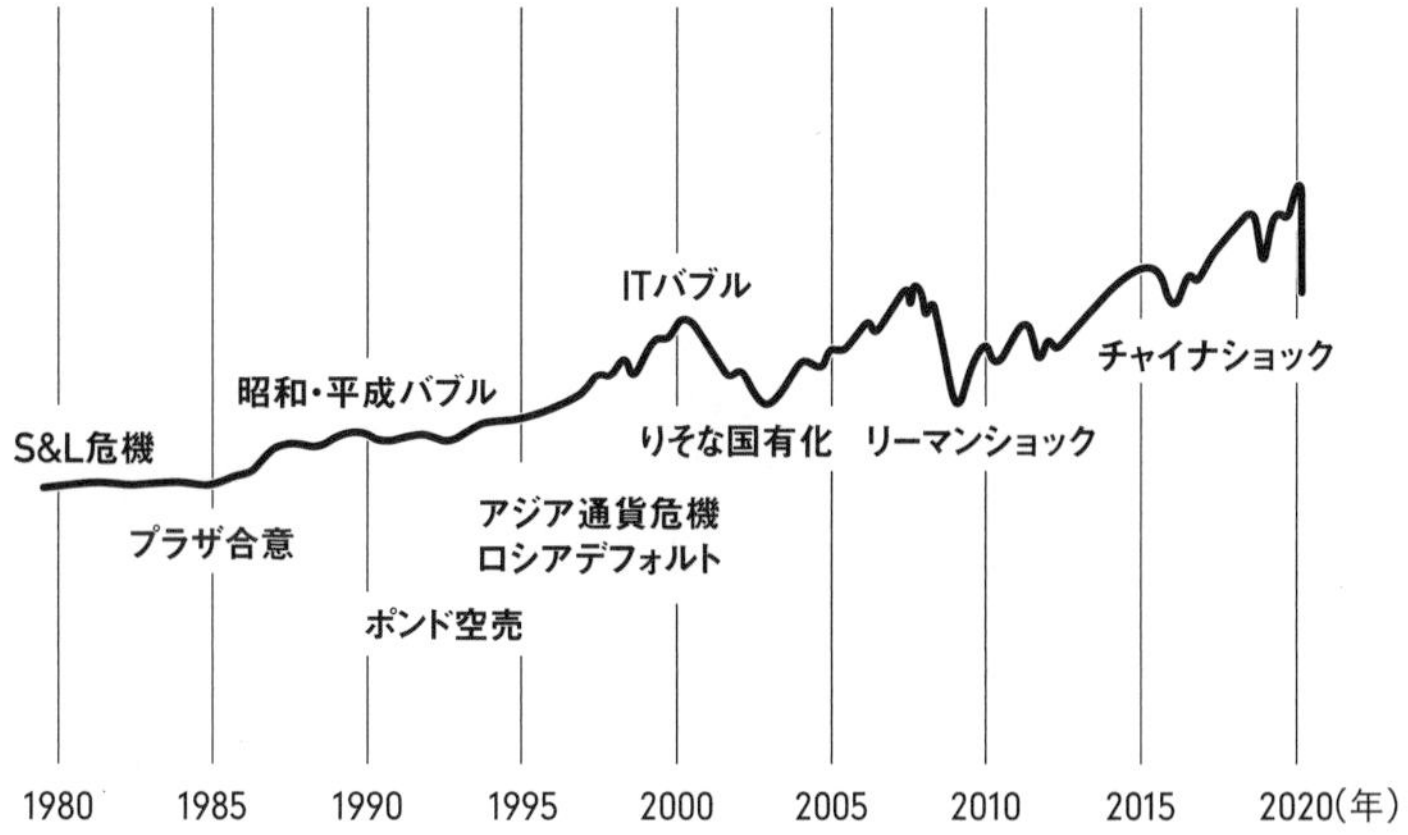

れているところが、過去との違いである。それも、前回のバブルの後始末のために行った金融緩和で、次のバブルが生まれるという数珠つなぎの状態が続いてしまっているのだ。（図2-1）

バブルが崩壊すると景気後退に陥り、経済が混乱してしまうために金融政策で何とかしようと金融緩和を行う。特に先進国は国家財政が厳しい状況であることから、財政出動で景気浮揚を狙うことが難しい。

だから、手っ取り早く金融緩和で対応するということが続いてしまうわけだ。その挙げ句に金利を引き下げたり資金供給を行ったりして市場にお金をバラ撒く

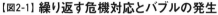

ことで、その後に発生する資産価格の上昇がコントロール不能となり、実体にそぐわない価格にまで膨れ上がらせてしまうのだ。

日本の昭和・平成バブルは誰が見ても異常であった。当時の土地価格や、株価の高騰などは、まさにその典型例である。土地や建物の現物を確認せずに権利書だけで売買するなど、通常では考えられないことが起こっていたのを記憶している方も多いだろう。

上場すれば株価は上がるものだと思い込んでいたという人もいるかもしれない。山手線内の土地の評価額の総額が米国全土と同じ価格という話もあったほどだが、冷静にみてそんなことは考えにくい。

だが当時は日本中が浮足立ち、経済大国日本として未来永劫この状態が続くような気がしていた。このような熱狂の状態がまさしくバブルというものである。

金融緩和がバブルを生む

やはり、日本のバブルは、金融政策によって引き起こされたものである。

1980年代当時の日本は、米国の圧力を受けて行った過度な金融緩和（利下げ）と、金融規制が緩和され銀行が貸し出し競争を行ったことが不動産価格の上昇につながり、その熱狂が株式にも波及していった。

昭和・平成バブルは、金融緩和によって生み出され、規制によって破裂したバブルであったことが、当時の政策当局者の間で回顧されている。

結果的に当局による規制の過度な強化と金融システムの不備によって、バブル崩壊というハードランディングになってしまったのだ。

その後発生した世界的なITバブルも、同様に経済危機への対応が結果的にバブルを生んだ原因となった例である。1997年のアジア通貨危機、98年のロシア通貨危機と、それによって影響を受けたLTCM（運用者にノーベル経済学賞受賞者が名を連ね、取締役会には元FRBの副議長などそうそうたるメンバーが集まっていたヘッジファンド）の破綻による金融市場の混乱を鎮めようと、予防的措置のために行われた金融緩和によって大量に供給されたマネーが、勃興したITという産業に流れ込んだことが新たなバブルを発生させたと考えられる。

IT革命といわれ、全てを変えるかのような高揚感に包まれていたが、結局は事業の実態もなく、稼げていない新興企業（ベンチャー企業）にもお金が集まってしまった。

そこに金利上昇や米国同時多発テロの発生、エンロン事件やワールドコム破綻が重なってしまい米国の経済、金融市場が大混乱に見舞われてしまった。その影響を受けて、IT関連銘柄やベンチャー企業が集まっていたナスダック市場はピークから2年半で約78％も下落してしまったのである。

バブルの恐ろしいところは、人々を狂わせてしまうことにある。市場がバブルの状態にある時は、その熱気を利用して様々な企業が資金調達に走る。ある意味、投資家側がお金を出したがっているときだからだ。

そういった時は、玉石混淆にもかかわらず、メディアも世間も取り上げてしまう。結局、一部の企業は成長していると投資家を騙していたわけだが、それを見抜けないほど投資家側も欲に目がくらんでしまうのだ。

もっとも、エンロン事件などは会計事務所や監査法人に対する目が厳しくなったきっかけにもなったのだが、これは監視する側も欲に目がくらんで、正体が見えなくなり不正に目をつぶるようになった最悪のケースだ。市場が熱狂し欲に目がくらむ人が増えるとロクなことが起きない証左だ。

リーマンショックも、そもそもは米国の住宅バブルとサブプライムローンの問題が引き起こしたもの。だが、金融緩和と金融工学によって生み出された複雑な金融商品が、作った側も分からなくなるほど複雑に絡み合い、金融システムを砂上の楼閣にしていたこともある。

バブルはいとも簡単に崩れ去る

米国の住宅バブルの発生は、ＩＴバブルが崩壊した後に行われた金融緩和（低金利と貸出条件の緩和）によって住宅取得がブームになったことから始まる。低金利になったことで住宅ローンの金利が低くなり、多少無理すれば購入できるようになったわけだ。貸し出し条件の緩和は、それまでであれば融資対象になれなかった層の人々にもローンを組める状況を創り出した。

人口動態としても労働人口が増え続けている状況であったこともあり、これらによって住宅価格は上昇を続けていた。住宅価格の上昇は、それを売却することで得られる利益や、住宅を担保とした場合の融資枠の拡大となって、さらなる消費を可能にした。そういった住宅バブルとともに信用バブルへと発展していった。住宅市場の活況と、信用バブルによる消費の活況が相まって、米国経済は永遠に発展し続けると誰もが考えていた。

だが、景気が良くなれば経済が過熱しないように金利は引き上げられる。金利の上昇は、変動金利であれば債務者に大きな負担を負わせることになる。住宅市場も永遠に拡大するわけではないから必ず落ち着く時が来る。

そうなると、低金利や右肩上がりの成長を前提に拡大してきた経済は逆のスパイラルに突入する。

そもそも無理して住宅を購入していた人や、借金をして過剰に消費をしていた人、それまでであれば家を買えるほどの信用がなかった人々が延滞や滞納し、差し押さえとなる比率が激増した。

そして世界中にバラ撒かれていた、それらを組み込んだ金融商品の価値に投資家が疑問を持ち始めた。同時に、その商品を保有していた金融機関や、それを担保に取引を拡大させていた機関投資家が互いに疑心暗鬼となり、金融システムがメルトダウン寸前に陥ってしまった。

最終的にたった一つの米国の投資銀行を救済しなかったことで、世界中の経済活動が止まってしまうほどの混乱になってしまったことは誰にとっても想像できなかったのだろう。

つまり、私たちが普段は何も考える必要もなく利用している、中央銀行を頂点とする銀行システムという仕組みの金融は、実はとてつもなく脆い薄氷の上に成り立っているのである。

リーマンショックの後始末は次のバブルの種

私たちが危惧していることはここにある。リーマンショックは100年に一度と言われる大規模な経済危機に発展したのだが、結局その後始末はまだ終わっておらず、未だに続いており延長戦の途中なのである。それを誰も気にも留めず、今のことしか見ていないことが恐ろしいと考えているのだ。

砂上の楼閣は、一度は完全に崩れかけたのだが、大規模な金融緩和で支えられたことで、なんとか完全崩壊にはならずに済んだ。だが、緩和によって部分的に補修されただけの金融システムは、脆弱性を抱えたまま再び以前の瓦礫の上に増築している状態になっている。土台は砂であることに変わりはない。

今のことしか見ていないというのは、今は新型コロナの影響のことしか頭にないということだ。そもそも、その前からFRBは3度も金利を引き下げており、米国経済は減速局面にあったと言える。

日本においても消費税の増税の影響から消費は減退していた。新型コロナが発生する前で、すでにその状態なのだった。もしコロナがなかったとしても、金融市場は今ほどの価格で維持できたのかということを考えていない。カンフル剤を打ち続けて「今を保っている」ということに気づかなければならないのだ。

現在は、非常処置として金融緩和と財政出動が、さらに上乗せされて行われているのだ。これはまさしく、超巨大バブルが発生（もしくはすでに育っている）、そのマグマがたまり続けている状態である。

そもそも、リーマンショックの後処理から続いている金融緩和が、そのマグマをため続けてきたのだ。さらにコロナによる上乗せによって、加速度的にマグマの圧力は高まっており、何によって破裂してしまうかは誰にも分からない。

この歪みに誰も関心を持たないことが恐ろしいのである。マイナス金利、中央銀行の買い支え、戦時レベルの財政出動、異常事態のオンパレードであるにもかかわらず。

コロナが免罪符に、そして繰り返されるバブル崩壊と再膨張

もちろんそれにマーケットは反応し、見かけ上は市場が活性化され経済は上手く回っているかのようになる。だが、あくまでもその恩恵を受けるのは、一部の資産家や、金融関係者が中心に見える。

もちろん、年金資産などにもプラス効果があり、社会全体にも上向きのエネルギーとなるのは事実だが、その年金は、機関投資家でもあるので委託者である国民以上にエージェントである金融機関が儲かる仕組みとなっている。

そのためには、短期金融資本主義の力で投資対象を容赦なく切り捨てる。そこで働く国民の将来資産のためにもかかわらず、その国民の生活を脅かす存在でもある

【図2-2】**金融緩和が加速するメカニズム**

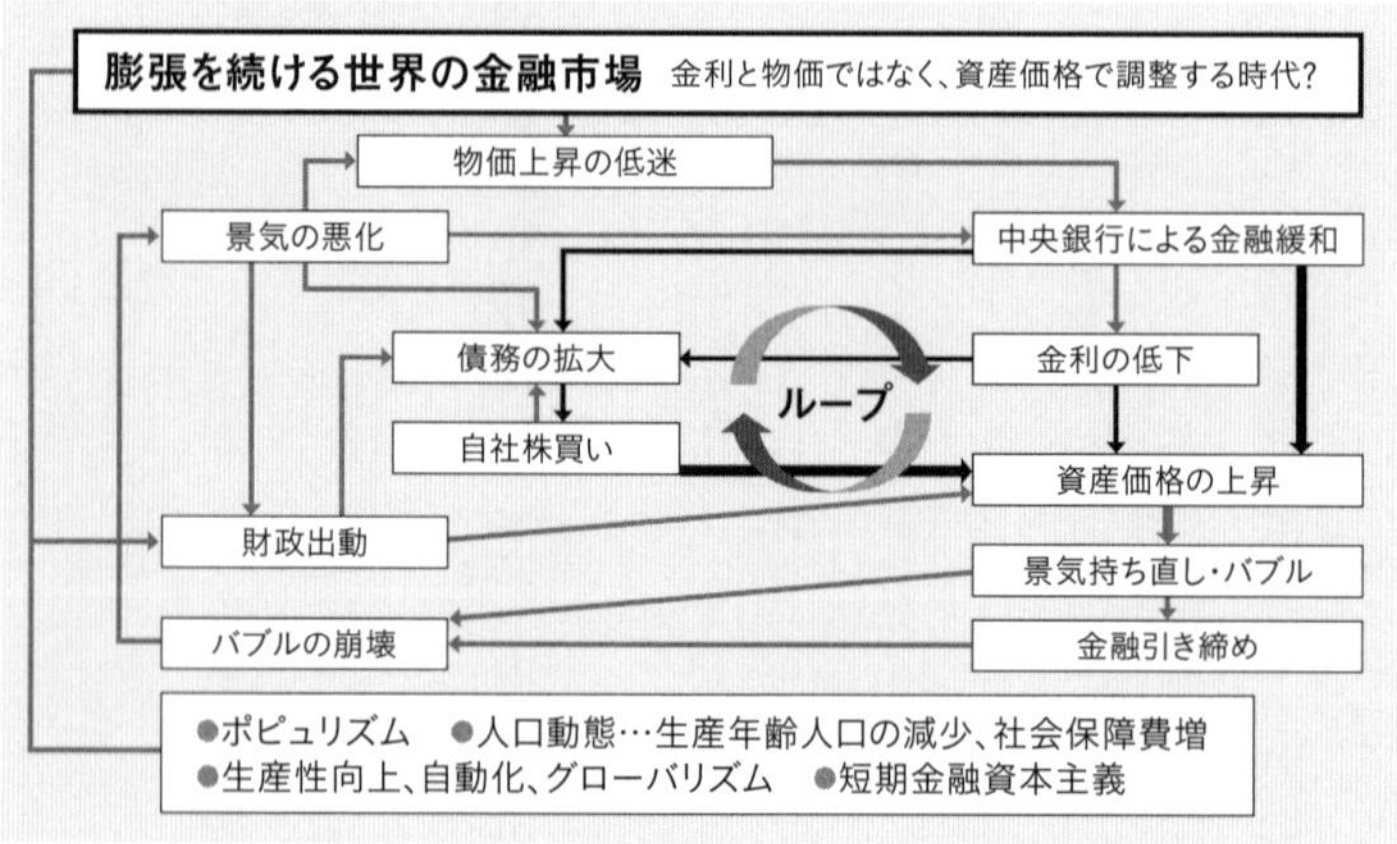

というパラドックスが存在しているのだ。

次第にマーケットはさらなる金融緩和を要求し始め、金融政策が思ったほどのものでなければマイナスに反応し、中央銀行の対応が失敗だったかのような印象を世間に与える。だから中央銀行は金融緩和をし続け、拡大し続ける。そして政治はそれを容認し、むしろ後押しして楽をしている。（図2−2）

これが平成バブル崩壊以降、世界で起こるバブルとその後始末、それによって更なるバブルの発生を繰り返してきた理由である。これはリーマンショック以降さらに歯止めが効かない状態になっており、もはや手が付けられない状態だ。

ここで考えてもらいたい。いくら金融緩和で対応したとしても、財政出動で一時的に消費の落ち込みや雇用助成を行ったとしても、根本的な解決にはならない。そもそもの病巣を取り除かなければ、問題は先送りされ続けることになる。

米国では失業給付の上乗せ分は期限が切れてしまった。今は大統領令による暫定対応となっており以前より減額されている。いまのところ、それによって消費の急激な減速は見られないものの、先行きに関して懸念が出ている。

2020年は米国大統領選挙ということもあり、政治は膠着状態となってしまうために前に進まない状態だった。いずれにせよ、この財政出動は国の借金であるため返済しなければならない。

このコロナの状況は、いずれ改善するとしても元通りになるのにも時間がかかるだろう。そしてそれを返すには増税か、それまで以上の経済成長がなければならないが、どちらも難しいのは明白だ。

コロナ前から経済は曲がり角を迎えていた

現在、世間で言われるバブル懸念や金融政策、財政出動に対する多くの指摘は、新型コロナが世界を席巻した2020年3月以降のことがメインである。だが、そもそもそれ以前から状況はおかしなものになっていた。

このズレを多くの人々は間違えて認識している。日本、欧州はマイナス金利というこれまで人類が体験したことのないゾーンの金融緩和を行っている。それまでの経済学では金利はゼロが下限であることを前提に考えられてきた。

もちろん、金利という概念など人間が生み出したものだからマイナスにするということは可能だ。しかし、金利がマイナスということになると、借金をしたほうが得になるということで、これまでの常識が覆る。

北欧の一部の国ではマイナス金利の住宅ローンがあり、借り手に利息が振り込まれたのだが、あり得ない通帳を記念に取っておこうという人もいる。あくまでもこれは一部の国であり、日本では借金をして利息をもらえるという事態には至っていない。

だが、借り手のハードルを下げ、なんとかお金が回るようにと考えた結果の施策であるのだが、経済成長が鈍化している中では借り手は増えず、銀行の負担が増えるばかりとなっている。そもそもの経済成長を高めることが重要で、金融政策は二の次のはずなのだ。

日本は2019年10月の消費税増税によってGDPは年率6・3%減（19年10月～12月）と大きく減速していた。そこにコロナが直撃したわけである。

米国においても、19年7月からコロナでロックダウンを行う直前の20年2月までに3度の利下げを行っている。つまり景気は減速していたことをFRBは認識していたということになるのだ。

コロナによって問題が見えにくくなっているのだが、そもそも経済成長は鈍化していて景気は良くない状況にあった。そこにコロナ対応という錦の御旗を掲げることができたので、金融と財政の両方でなんとか下支えしている状態なのである。

だが、よく考えてみれば曲がり角を迎えた状態を維持しているだけで、問題はなにも解決していない。根本が解決していないのであれば、これからも金融緩和と財政出動を続けなければならなくなる。だがそれは将来に超巨大バブルの後始末という禍根を残すことになる。

大統領選挙とワクチンに揺さぶられた市場

現在の市場の状況がいかに脆弱で、バブルのような砂上の楼閣であるかを顕著に示していることが直近でも起きている。

一つ目は米国大統領選にまつわる思惑、当初想定されていた結果との違いに市場が反応したという事実である。

2020年の米国大統領選挙は世論調査で想定されていた結果とは異なり、現職だったトランプ氏がかなりの支持を集めた。大統領選が本格化した2019年は株式市場は堅調であったことから、経済的に順調である場合は現職が勝つという予想が大半であった。

その状況が変わったのは、コロナ対策による批判が高まった2020年の夏以降である。共和党支持者の多い南部では、自由に対しての意識が強く、政府などによる規制や介入を避ける傾向がある。マスク着用に対する効果が科学的に指摘されていても着用しない事由があるという主張をしている人々も多く見られた。

夏の長期休暇のシーズンに入り、人々が経済活動を再開しはじめ、それまでの行動制限によって、感染拡大に落ち着きが見られたこともあり楽観的になっていくこともあるだろう。徐々に第二波への警戒感が高まっていた。

そこにホワイトハウス高官のコロナ陽性反応が分かり、それにもかかわらず政府主催のイベントを行っていたり、大規模な選挙集会をリアルの場で行ったりと、コロナを軽視するような行動に終始し、最終的にはトランプ氏本人も感染するに至った。

なかなか進展しない追加の経済対策、コロナへの対応、人種差別や格差によって分断される価値観など、あらゆる問題が噴出し、世論調査ではマイナスに働いてしまった。

これによって想定されたのがトリプルブルー、民主党の圧勝だったわけだ。大統領はもちろんバイデン氏を選出し、上院も下院も民主党が支持を広げるという予想がその頃から急に出てきた。

トリプルブルーになると、これまでの政策とはかなり変わってくる。経済対策は大盤振る舞いで、環境への投資をすることで公共投資の役割も担う。それまでは民主党が勝つと増税が行われるので市場にはマイナスの影響と考えられていたが、増税する以上に支出するという想定が広まり、米国債の供給過剰から金利が上昇し始めた。

金利が上昇するということは、第一章で説明したような状況で株価が伸びてきたグロース株にはマイナスになる。一方で、環境問題が追い風になる再生可能エネルギー事業や、大規模財政出動によって恩恵を受ける景気に敏感であり、コロナ後は厳しかったバリュー株の復調が瞬間的に大きく上昇した。選挙はどちらが勝つのか、その場合にどのような政策になりそうか、ということでグロースとバリューの優位が急激に反転したのである。

大統領選直後はトリプルブルーにはならず、大統領はバイデン氏、上院は共和党、下院は民主党という状況が予想された。議会のねじれ状態によって経済政策が思うように進まないのではという懸念もあった。だが、最悪でも共和党時代以下にはならないだろうという楽観が根強く、バリュー株を支えることになった。

二つ目は、ワクチン開発の進捗状況による報道によって大きく市場が変動したことである。大統領選挙はトランプ氏が敗北宣言をなかなかしなかったが、世論はバイデン氏になることを想定して動き始めた。

そこで飛び出してきたのがファイザー社とビオンテック社が共同開発しているワクチンのニュースである。それまでもワクチン開発で良い兆候が見られるとニュースが世界中を駆け巡ってきたが、今回のように多くの人に接種してもらう大規模治験での予防効果の有効性が、暫定データとはいえ90％以上であったというものだ。

このニュースが駆け巡り、コロナで伸びてきたＩＴ企業や巣ごもり需要企業の株価は大きく下落した。一方のこれまで売られてきたレジャー関係や航空業界関連の株価は急伸した。

このケースは分かりやすい。ワクチン開発が進むことでコロナを克服した後の世界を想定しての行動である。急激に需要が落ち込み、苦しかったリアルの世界が復調し、それを代替する形で業績を伸ばしてきたＩＴサービス、エンターテインメントの成長が落ち着くというものである。

ワクチンの使用許可に対するポジティブな専門家の意見や、供給体制に対する発表が後押しとなり、もはや世界が救われたかのような雰囲気に包まれてしまっている。

ところが、摂氏マイナス70度以下で保管する必要があり、そのような設備は通常の病院はもちろん、大規模病院でもない場合がほとんどである。ということは、いくらこのワクチンが有効であろうとも、現在のインフルエンザワクチンのように気軽にクリニックで接種できるといった代物ではないことが分かる。

それ故に、このワクチンのニュースだけでコロナによって打撃を受けた産業にアロケーションが一気に起こってしまうということは、それだけ浮ついた資金が市場で右往左往しているという証左だ。

さらに10日ほどの後、モデルナ社からもワクチンが発表された。最終治験で94・5％の有効性が初期データから得られたという。このワクチンも治験参加者が3万人を超え、発症しても重症化には至らなかったということで期待が高い。

加えてこのワクチンの場合は、摂氏2～8度で30日間保存できるということで、取り扱いがファイザー社のものと比べると容易である。ファイザー・ビオンテックのワクチンとは違い、通常のワクチンと同じように利用できる可能性が高いことも魅力的だ。

やはりこのニュースは市場を押し上げ、それまでS&P500やNASDAQに劣後してきたダウ30種平均が大幅に上昇した。ニュースのあった当日は、取引時間中に大台の3万ドルに乗せたほどである。

この上昇は、やはりボーイングやハネウェル、ウォルト・ディズニー、シェブロンといった企業の貢献度が高かった。これらの企業は航空機やレジャー、エネルギーと、コロナによって打撃を受けた業界の大盟主と言ってよい。

やはりワクチンのニュースを好感し、業績の戻りを期待したものであることが分かる。きわめて楽観していると言ってよいだろう。

市場はいいところしか見ない

ここで考えなければならないことがある。それは、それらのワクチンがいつ手に入るか、実際にわれわれに投与されるようになるにはどれくらい時間がかかるのか、である。これらの条件を無視して楽観し過ぎるのが一番危険である。

今回、ワクチンのニュースは、間違いなく人類に希望を与えるものである。これまで人類がワクチンによって克服してきた感染症が多々ある。

麻疹《はしか》やポリオ、ジフテリアといった病気が有名だが、これらはワクチンが開発されたことによって克服されている。これらのワクチンが開発され認可されるには10年単位の時間が必要とされてきたという経緯がある。

それが今回は1、2年で達成できるとは驚異的なスピードと言ってよいだろう。まさに人類の科学進歩がもたらした偉大なる功績と言える。

だが、それだけに未だに分からないことが多くあるので、それほど急激に楽観できるものなのかを考える必要がある。

まず、今回のワクチンが人類には未だ投与したことのないｍＲＮＡを使用したものであることだ。過去のワクチンが承認に時間を取られたのは、その安全性に注意を払ってきたからである。これまでも、承認されたワクチンを接種したことによる副反応が出てしまうケースが見られたからである。

また、抗体についても詳しい情報は開示されていない。新型コロナの特徴である、抗体が消えてしまうということに関して解明されていない部分が多い。もしそうであれば、ワクチンを投与しても効果がどれほど続くのかは分からない。抗体が消えてしまえばワクチンを再び接種しなければならないし、その前に感染してしまうことも考えられる。接種を受けた人が未接種者に感染させるかどうかも判明していないし、免疫力の低い高齢者などにも効果があるかなども不明だ。

供給体制についても懸念が残る。数十億人単位でワクチンを投与することはこれまでなかったことである。そのための資材や輸送、医療スタッフの問題は必ず出てくる。ファイザーのワクチンは2回接種が必要ということだが、保存期間を考えると、数億人規模に、たとえば3週間程度の間に2度接種することなど可能なのだろうか、といった課題が出てくる。つまり、2社だけではなくもっと多くの企業からワクチンが作られなければ、経済的理由から先進国だけ克服するといったことになりかねない。先進国の中でも、供給体制や医療体制の違いから差が出てくることも考えられる。そうなれば人の移動は制限され続けることになってしまう。

2021年1月時点で北半球は冬の季節となり、気温が下がったことで換気が難しくなっている。これは春先に南米で感染拡大が見られた時に指摘されていたが、冬になると気候や気温といった外部環境の影響から密になりやすく感染拡大しやすい。

近年は省エネの意識が高く、住宅では特に高気密のものが建てられている。それ故に屋内にウイルスが持ち込まれてしまうと家庭内感染してしまうケースが増加してしまう。実際に、日本においては北海道での拡大が懸念されていたが、まさにその通りとなっている。

特にワクチンの開発というニュースだけで人々が楽観してしまい、これまでの警戒が弛緩してしまうことが一番の懸念である。

市場はもはやいいところしか見ていない。はっきり言ってとても危険な状態である。ワクチンが市場を楽観させたことが典型であるが、たとえネガティブな情報であっても上昇する材料になってしまっているのである。

たとえば、大統領選挙で民主党が勝ち、増税するということはネガティブな情報であったはずだ。しかし、それ以上に財政出動するだろうということに変わり、上昇への燃料となった。

その他にも大規模な財政出動をしたことで金利が上昇し、これまで市場を押し上げてきたグロース株に冷や水を浴びせたとしても、感染が再拡大すれば再び強気になる。これはこれまでと消費行動が変わっているというのは、もっともな意見なのだが、それではコロナが直撃した産業は再び大きく下げなければならないがそうはなっていない。

なにかあれば中央銀行がなんとかしてくれるという前提で動いており、それによって景気がこの先回復していくと思えば、当然ながら株価は先行して上昇していく。一方で、景気が悪くなれば金融緩和を催促し、それによる株高を享受する。財政出動するにしても、国債は中央銀行が買ってくれるのであれば金利はそれほど上昇しないという思惑がはびこっている。

もう、なにもかもが投資家にとって都合の良いように考えている。まさに相場の格言のような状況に近づきつつあるのではないだろうか。

『強気相場は悲観の中で生まれ、懐疑の中で育ち、楽観の中で成熟し、陶酔の中で消えていく』

まさに成熟から陶酔へと移り変わっているようである。

今こそ求められる視点

感染第二波の影響を受け、欧米では外出制限や営業時間の短縮などにより、再び経済活動は抑制されていく可能性が高く、実体経済に影響を与え始めている。日本でも東京や北海道で警戒レベルを引き上げ、今後の景気への影響に懸念が出ている。それにもかかわらず、株式市場は最高値を更新し、日本は日経平均がバブル崩壊後の高値を更新したことがニュースとなっている。

確かに株価の動向は重要であることは間違いない。米国では個人消費と株価の動きに相関性があることが分かっているので、それ自体が消費に影響を与えることからもそうである。

だが、同様に重要な問題が山積みにもかかわらず、人々の関心が株価やそれに影響するニュースに集中してしまっていることが危惧される。

たとえば、米国大統領選挙などは典型だろう。米国は世界に影響を与える大国であり、政治においても軍事においても最高司令官である大統領が誰になるかに注目するのは当然である。

しかし、報道も世論も自国の政治について、それと比べるとあまりにも関心が低いと感じるのは私だけではないだろう。国会における論点が学術会議のみに絞られてしまい、外交や経済対策、内政についての議論に割かれていないことに驚きを隠せないし、それすら気づかないのであれば重症だ。

視点の持ち方が、政策によってどのセクターが有利なのか、金利は上がるのか、それによってグロースなのかバリューなのかといった投資の機会としてしか捉えることが出来なくなってしまっているということなのだろうか。

それでは自分の金だけ増えれば良いと言っているのと同じになってしまうのだが、本当にそれで良いのだろうか。

そんなときだからこそ重要になってくるのは、政府の方針、政策というよりは、一般市民の意識ではないか。時には政府、行政側が明確な方針を出すことや、行動経済学を利用したインセンティブも必要だが、自助・共助こそがこれからの時代に重要になってくる。

コロナの環境下では、感染拡大を防ぎつつ、経済活動も止めないようにしなければならない。そのためには感染予防の対策は万全に行い、一方でレジャーや外食、旅行を楽しみながらお金を回すという意識をもって消費する。

このような、相反するものを高い次元で融合させるには、お上の号令ではなく市井の人々の団結がなければ達成できない。だが、達成できたならば経済の落ち込みを限定的に留めることになる。

そしてコロナの回復後には、経済活動の本格再開と共にそれまで以上にお金が回る消費が加速することで、さらなる経済拡大が期待できる。

株価に実体経済が追いつくことになり、健全な形になることも考えられる。

今日、世界中から注目されている米中対立や中国の海洋進出などの台頭、中東におけるイランの孤立など、コロナとは関係なく世界の政治は不安定になっている。

経済だけでなく、外交においても転換点を迎えていることは間違いない。最も注目されているのは米中対立だが、これらの関係性は世界の供給網などを考えれば当然ながら経済にも直結してくる。

脆弱な市場に不安定な政治の中で育ちつつあるバブル。われわれが真に見定めなければならないのは、今の市場がどうなるか以上にもっと大きな時代の流れなのだ。

第三章

過去のバブルから学ぶ

［その1］チューリップバブル

歴史から学べる教訓は数多い。政治や経済の世界では、まさにその繰り返しである。

バブルの歴史でも、過去には三大バブルというものがある。すなわち、チューリップバブル、ミシシッピバブル、南海泡沫事件の3つだ。

チューリップバブルは1630年代のオランダで起きたもの。正確なデータは残っていないために諸説あるが、経済史における初めてのバブルと考えられている。

チューリップ球根の価格が最も高騰した1637年には、たった一個の球根が熟練職人の年収の10倍で取引されたと言われている。

バブル直後に書かれたとされる資料から推察されたものによると、球根1個で小麦160ブッシェル、ライ麦320ブッシェル、牡牛4頭、豚8頭、羊12頭、ワイン、ビール、バター、チーズがトン単位で手に入った。それにとどまらず、ベッドをつけてもお釣りがくるほどだったそうだ。

なぜ、チューリップがそこまでの価値になったのか？

【図3-1】チューリップバブルのチャート

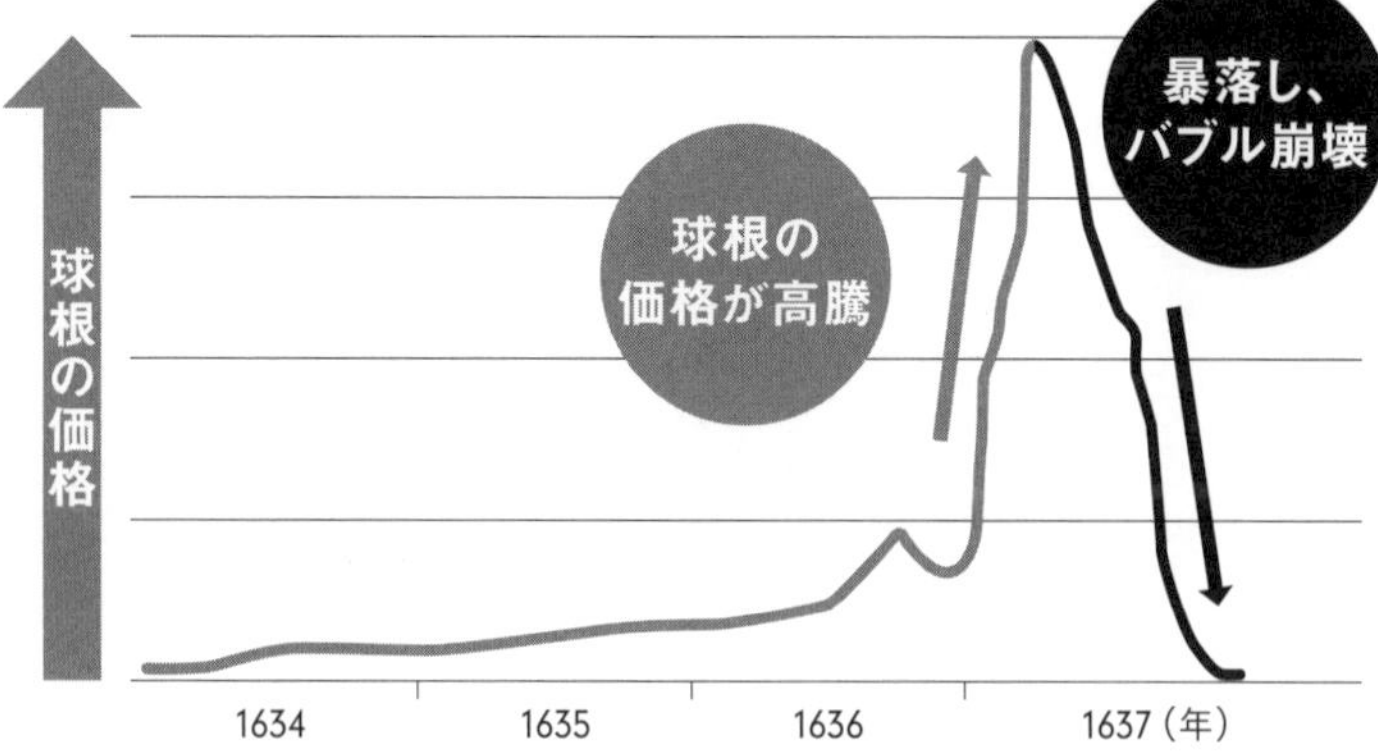

出所：日経新聞　2020年11月1日　サイエンス　うつ病・依存症の引き金

【図3-2】チューリップバブルの風刺画

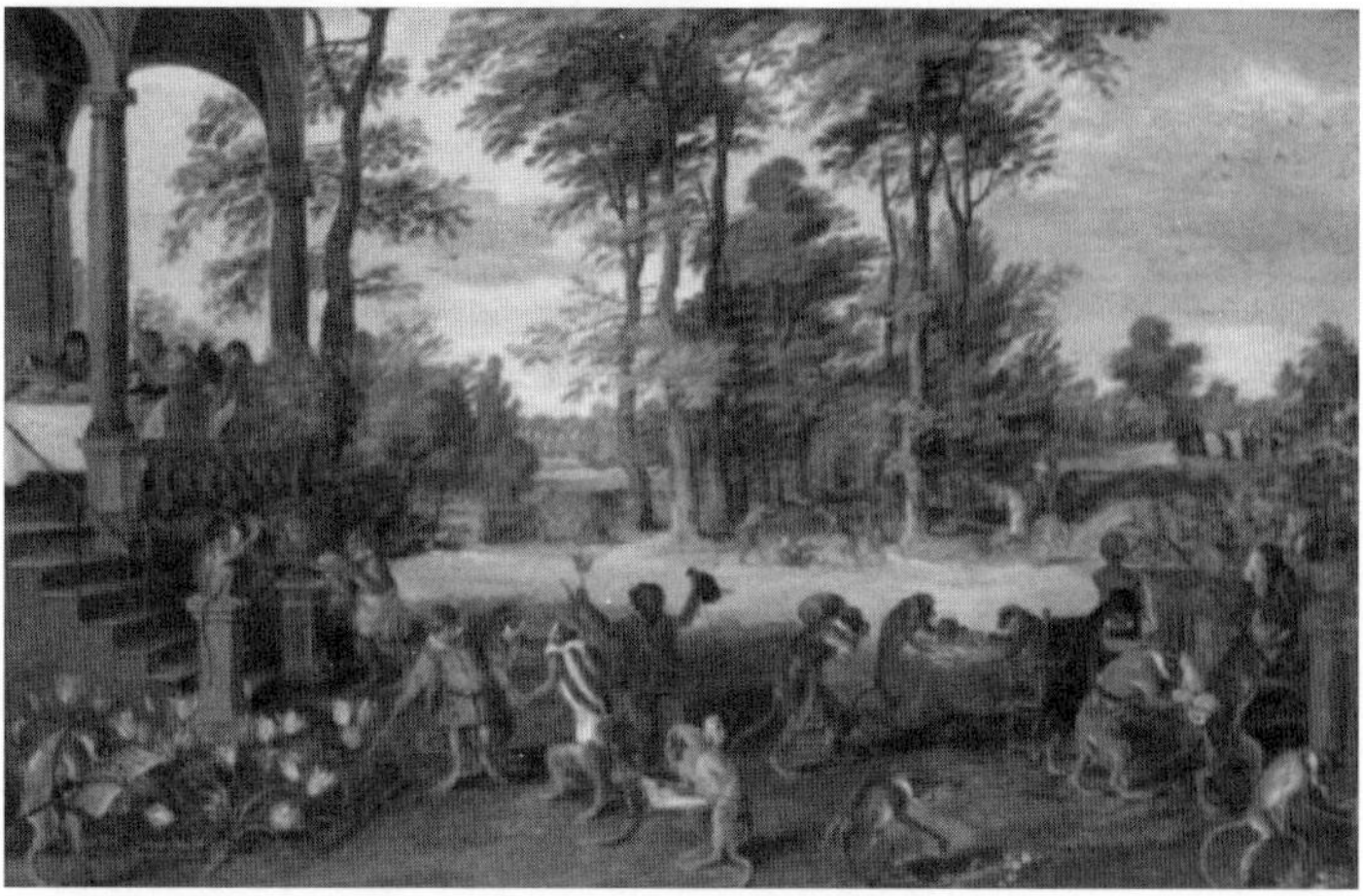

ヤン・ブリューゲルによるチューリップバブルの風刺画（1640年）

オランダの勃興

そこには、「オランダ黄金時代」（当時はネーデルラント連邦共和国）と呼ばれる繁栄が絡んでくる。

その当時、オランダを支配していたスペイン帝国は太陽の沈まぬ帝国といわれ、無敵艦隊を擁し栄華を誇っていた。

ところが16世紀半ばに、現在のオランダを中心とする地域がスペイン帝国に反乱を起こした。後に八十年戦争といわれるスペインからの独立に至る過程で、オランダが貿易、科学、軍事、芸術を繁栄させていった時代でもあった。

神聖ローマ皇帝でもあったカール5世から、フェリペ2世にスペイン王位が譲位された。カトリックの盟主といわれるほど熱心なカトリック教徒であったフェリペ2世は、経済的重圧と宗派対立に端を発した弾圧統治をした。

フェリペ2世の迫害を受けたのは、プロテスタント教徒にとどまらない。オランダを中心とする地域に住むカトリック教徒とも対立するようになった。

戦争が進むにつれ、スペイン帝国から熟練工や金持ちがオランダへ移り住むようになっていった。また、アムステルダムが現代にもつながる世界貿易港へと発展する礎となった。

資本と技術を手に入れたオランダでは、海外での貿易はもちろん、それに付随する製材、造船、醸造、毛織物、ガラス、印刷といった産業が発達した。

オランダは13世紀以降の干拓によって国土を広げてきた。風車は従来の小麦の粉ひきなどに使われるだけでなく、干拓地の排水や水位管理に利用され、それ以外にも羊毛の圧縮や帆綱の製造などに使われた。

風車で利用された帆布、滑車、歯車などの技術は帆船にそのまま活かされ、オランダの造船技術を大発展させることになった。当時、オランダはヨーロッパでも最大規模の造船所を抱え生産性も高かった。フランスやイタリアの造船に比べてコストは約半分と安く、工期も短かったといわれている。

それが軍事力と輸送能力へと直結していった。オランダはスペインとの戦争に打ち勝ち、香辛料貿易や製糖の三角貿易などで南米やアジアへの航路を獲得した。当時、鎖国していた日本との独占貿易にもつながっていった。

そういった状況の中で、干拓と共に運河の建設が進み、農業基盤が整備された。それをベースに都市園芸農業が盛んになった。

チューリップの登場

そこに、チューリップがオスマントルコからもたらされた。チューリップは当時のヨーロッパでは見られない鮮やかな色彩と大きな花を持つことから、富裕層にとってステータスシンボルとなった。

チューリップが高く売れることから、栽培家はチューリップの栽培に力を入れた。その中でも、ウイルスに感染したチューリップは花に模様が入り、新品種としてもてはやされるようになった。

栽培家はこれらを高く評価されるように、高貴めかした名前をつけて今でいうブランド化をはかったりした。そもそもはウイルスに感染しただけなので新品種でもなんでもない。

そのころはウイルスという概念すらない時代。普通の球根から突然変異でお宝になることがあるというギャンブル性が一般の人々にも浸透したことで、一攫千金を狙ってみなが一斉に球根の取引に参加した。それが過熱(熱狂)のはじまりになったわけだ。

さらにバブルへと突き進む背景となったのが金融の発達である。

1602年に世界初の株式会社の設立（オランダ東インド会社）や、それにともなう有価証券の売買を行うためにアムステルダム証券取引所が設立された。その他にも貿易のために融資を行うアムステルダム銀行も設立され、商業が盛んな地域であるがゆえに金融も発達していく。

当時のオランダには、宗教戦争や異教徒への迫害などが行われていたヨーロッパ中から、ユダヤ人をはじめとする裕福で知識があり優れた商人などが続々と集まってきた。香辛料や砂糖、毛織物に加えてダイヤモンドなど、あらゆるものが取引される一大商業地となっていった。

様々なものが取引されるうちの一つにチューリップの球根があったわけだ。

金融の発達とチューリップ投機

チューリップは現物として取引されていたのはもちろん、収穫を前提として先物取引も活発になっていった。チューリップは花としての人気だけでなく、投機の対象としても人気を集め、実際は栽培をしない一般の人まで先物取引で権利を売買するようになる。

また、周辺国にもこの話が広まり、球根の価格が上昇しているという情報も人々を熱狂させた。取引が成功し、働かずして巨額の利益を得る人が中間層に現れ始め、より広い社会層にまで浸透していくことになる。

これが加速度的に広まり、買い手があまりにも多くなり過ぎた。それが故に、需要と供給を無視した価格にまで高騰し、ある日突然暴落するという悪夢となったわけだ。

やはり、球根の価格が家の値段や年収を超えるといったことは持続的ではない。しかし人は欲に駆られてしまい、それに多くの人が群がってしまうとバブルが発生してしまうのである。

幸い、チューリップバブルは局所的な現象に終わったようで、オランダ全土に影響することはなかった（多くの人は冷ややかに見ていたのだろうか）。

それでも、一部の市民には大きな経済的影響を与えたようで、不動産や家財を担保に取引していた人がすべてを失ってしまうようなこともあったようだ。当時の風景画家で知られるヤン・ファン・ホイエンもその一人だそうだ。

【その2】ミシシッピバブル

次のバブルは、ミシシッピバブル（ミシシッピ計画）である。18世紀初頭に、このバブルは始まる。

それには先のオランダチューリップバブルにも出てきた戦争が関わってくる。オランダ地域がスペイン帝国から独立を勝ち取る三十年戦争や、その他にも宗派対立から戦争が頻発しており、当時の欧州は混乱の時期であったと言える。

長く続いた戦争と混乱のせいで、国家財政はひっ迫し貨幣改鋳がたびたび行われていた。この影響から、通貨として利用されていた金貨や銀貨の価格は安定していなかった。

特にフランスの莫大な政府債務は国家を破綻させ、フランス革命へと突き進むことになっていく。度重なる戦争で領土を拡張し、ヴェルサイユ宮殿を建設し太陽王と言われ、栄華をほしいままにしていたルイ14世は、結果的に財政をひっ迫させた人となる。

どれほどの債務だったかというと、累積債務は国家予算の17倍にも上る額となっている。現在の日本の10倍以上であるのでどれほどの規模だったかがうかがい知れる。

ジョン・ローの財政再建案

そのような厳しい財政状況の中、次の王としてルイ15世が即位した。その叔父であるオルレアン公フィリップ2世が、財政立て直しのために採用したのがミシシッピ計画であり、ジョン・ローのスキームを利用したものであった。

ジョン・ローはフランス人ではなくスコットランド人である。銀行業をしていた時にロンドンで投獄されたものの、逃亡を図りヨーロッパを巡った。

逃亡先でも銀行家として歩み、アムステルダム、パリ、ジェノバ、ヴェネツィアなどを回り、当時はまだ各地でバラバラであった経済システムを学び、新しいシステムを考案しては各地の有力者に提案していたそうだ。その中でフィリップ2世に取り立てられる。

ローはそれまで欧州で王道とされていた重商主義を批判し、新たな貨幣理論を実行したのだ。重商主義では貿易を通じて貴金属や金属貨幣を蓄えることで、国富を

【図3-3】ミシシッピバブル

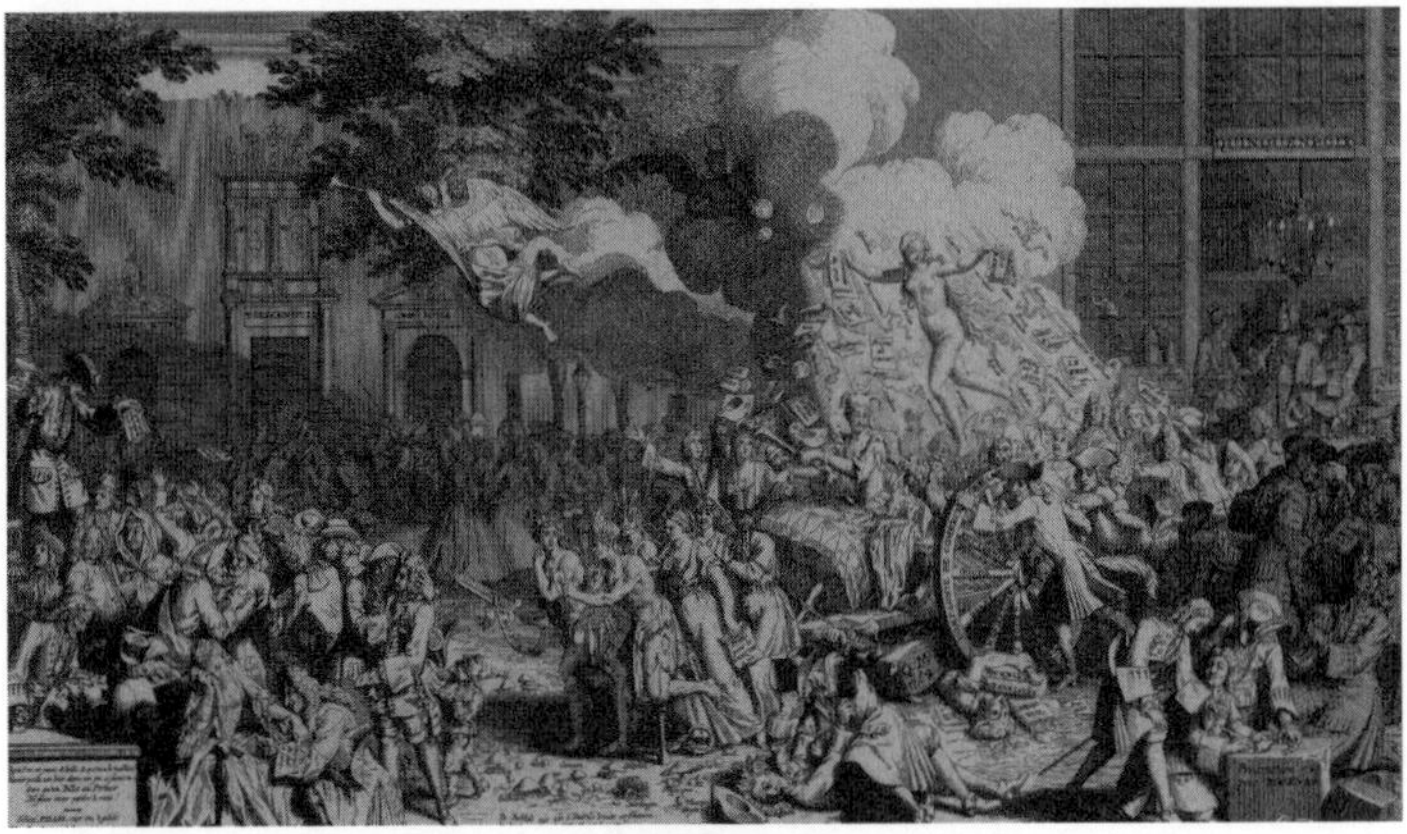

18世紀前半に描かれたミシシッピバブルの風刺画

【図3-4】ジョン・ロー

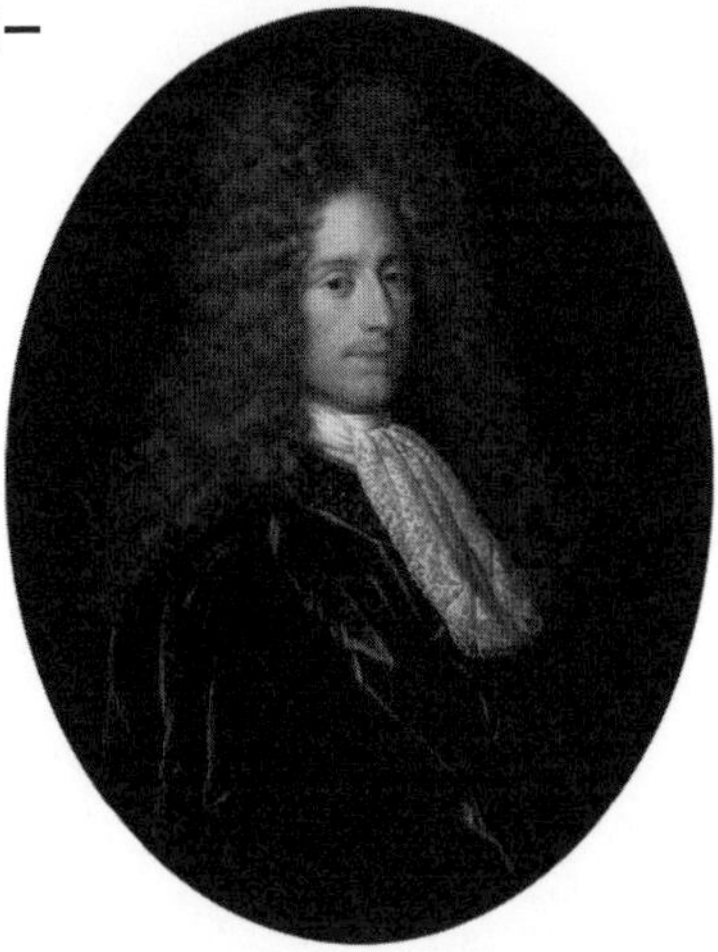

スコットランド出身のジョン・ローはフランスで一時、絶大な権力を握った

高めることが求められた。

中世ヨーロッパでは金属貨幣が存在してはいたものの、貨幣素材となる金銀資源が乏しかったこともあり流通は盛んではなかった。

それが12世紀から13世紀にかけて農業の発展から農村経済が繁栄した。次いで都市が形成され、商業活動が活発化するとともに貨幣での取引や納税などが行われるようになった。

各国で貿易が盛んになり、モンゴル帝国の衰退やオスマントルコの勢力拡大から、大航海時代へと進んでいった。スペインとポルトガルはアフリカ、アメリカからの略奪を欲しいままにした。

16世紀以降は鉱山の開発が盛んになり、アフリカ、中南米から大量に金銀が流入した。それによって、素材不足が解消され、金属貨幣による経済は確実に大きくなっていった。

しかし、その金属貨幣は一部の富裕層のもとに貯まっているだけであった。王室は戦費を調達するために徴税権を売ってしまったり、領地を抵当に入れてしまったりしていたので、庶民から徴収される税金は富む者をさらに肥やすことになった。

一方、王国自体の財政は火の車で、庶民は苦しい生活を余儀なくされていた。

金属貨幣から兌換紙幣へ

お金が回らない以上は経済活動が活発化するわけもなく、当時のフランスは深刻なデフレ状態であった。そこでローは、金属貨幣から兌換《だかん》紙幣へと転換させようとした。

金属の量に縛られてしまう貨幣の流通量を劇的に増加させることで、経済を立て直そうとしたのである。今でいう金融緩和であり、紙幣を刷りまくることで景気を立て直させるリフレ政策である。

ローは1716年に王室から紙幣となる銀行券を発行できる唯一の銀行「バンク・ジェネラル」の設立を承認される。この紙幣は兌換紙幣であり、いつでも金属貨幣に替えられることが約束されたことで高い信用力を持った。

その他にもフィリップ2世に働きかけて、納税を銀行券で行うよう制度を変更した。貿易決済にも使えるように為替業者にも働きかけたことで、広く利用されるようになった。

紙幣は広く流通するようになり、紙幣の流通量も大幅に増加させたこともあり、デフレは解消され景気は驚異的なスピードで回復していった。それにより銀行は2年後に国有化され王立銀行となった。

しかしここで問題が発生する。兌換紙幣であったので、いつかは金属貨幣に替わることもあるので、金属貨幣量以上の紙幣は発行できないはず。だが、王室はたかが紙がこれまで苦しんできた財政問題を救うことを夢見て紙幣の増発を促した。

本来は金属貨幣を銀行が所有していなければならないわけだが、それを超える量の紙幣を発行することになり不兌換紙幣に変更した。そして王立銀行ということで人々が信用した結果、その紙幣の信用は保たれ、さらに増刷されたこともありさらなる好景気へと移っていった。

世間は好景気だが未だ公的債務、国の借金は莫大なままであった。当時のフランス国債は信用がなく、額面から大きく下げて取引されていた。しかも市中には裏付けのない紙幣が出回っている。

国債からミシシッピ会社の株式購入へ

ここでローは次の一手に出る。西方会社というものを設立し、政府の力も使ってフランスの海外貿易を特権として独占する企業「ミシシッピ会社」とした。この名前は当時フランスの植民地であった北米大陸のミシシッピ川周辺、ルイジアナ周辺を開発するということを表している。

ルイジアナには金鉱がある、開発は上手くいっており、その成功の暁には莫大な富がフランスにもたらされると宣伝された。その会社の株式を国債の額面で株式と交換できるとしたのだ。

今でいうデット・エクイティ・スワップ（負債の株式化）である。これにより人々は競って国債を株に替え、国家債務の解消に向かっていった。

これでめでたしめでたしとはいかない。それまでであれば返済されないと思われていた国債が、夢のような条件で株式に替わるだけでなく、株価の上昇も狙えるとなった。半年の間に株価は20倍になったという。

くずのような価値だった国債が、上昇する株式に替わった。それで、突然お金持ちが生まれてくる。

彼らは手にしたお金で不動産や貴金属を買うので、それらの価格も上昇する。お金持ちになりたい人はミシシッピ会社の株式が売買されていた場所に集まり、地域の家賃は高騰した。また、それ以外にもさまざまなビジネスが生まれ、空前の好景気が生まれていた。まさにバブルである。

ところがミシシッピ会社の開発自体は全く上手くいっていなかった。新たな貴金属がもたらされるわけでなく、裏付けのない紙切れが大量にバラ撒かれただけであったわけだ。

ここで一部の人間がミシシッピ会社の開発に疑問を持ち、紙幣の価値に疑問を抱き始めた。紙幣は不兌換紙幣だったので交換する義務はなかったのだが、取り付け騒ぎのようになった群衆に声は届かず大騒動になっていく。

これがきっかけとなりミシシッピ会社の株価は暴落、金属貨幣との交換が難しくなった紙幣の価値は激減。額面の数%の価値しかなくなり、インフレが発生して多くの国民が困窮した。

チューリップバブルとは異なり、経済も金融システムもメルトダウンしてしまった。

ミシシッピバブルはフランス全土を経済的混乱に巻き込み、経済格差がさらに深刻になったことで、フランス革命へとつながっていくのである。
経済の失策が国家を転覆させるという事例の一つである。

[その3]南海泡沫事件からファウストまで

ジョン・ローがフランスを熱狂に導き、そして破滅へと突き進ませてしまったのは先に書いた。ちょうど同じ時期、イギリス（当時グレートブリテン連合王国）でも同様の投機バブルが発生し、国家経済は大混乱に見舞われた。

1711年に設立された南海会社がその舞台である。やはり国家財政が危機的になり、それを引き受けさせる会社として設立された会社でバブルが起こるというのは、なんとも考えさせられる。

為政者の失策を短期的に打開させるために取った施策で、一般市民を巻き込んで一時的な陶酔に浸ることはできる。だが、やはり砂上の楼閣でしかないので足元から瓦解。結局、弱きものが一番の被害者となってしまう図式だ。

ニュートンまでも踊ってしまったバブル

この南海会社、イギリスの財政立て直しを目的に設立されている。当時のイギリスの財政状況は、歳出のほとんどが戦費と国債の返済と利払いで占められていた。

そこで、南海会社の株式と国債などの債券を転換させ、南海会社の利益によって利払いを肩代わりさせ国庫も潤うようにした。この南海会社のメインビジネスは貿易で、悪名高き奴隷貿易を独占し利益を上げようと考えていた。だが、結局は上手くはいかなかった。

そこで試験的に宝くじを販売したところ、想像以上に成功したことで南海会社は金融会社へと変化していく。自社の株価を上昇させるために株のローン販売、株担保融資、配当率引き上げを行い、市場の期待を煽っていった。

当然貿易は上手くいっていないわけであり、株式と国債の交換レートも南海会社に有利な条件であったために、一部の議員は危険性を理解していた。しかし、王や政府・議会の要人に南海会社の株価が上がると儲かるようにわいろを渡していたために、お咎めを受けることはなかった。

イギリスのこの事件は南海会社だけの問題にとどまらなかった。南海会社の株価は半年で10倍になるほど高騰したので、多くの人が熱狂した。熱狂したからこそ異常なまでに高騰したともいえる。

　そうなると、当然第2、第3の南海会社を人々は探し出そうとした。実体はないけれど株式の募集が行われるということが起きていた。1720年の1年間に設立され株式が募集された会社は190社だったが、生き残ったのは4社。ほとんどが実体のない会社であった。

　それがまるで泡が消えてなくなるようなので泡沫会社といわれる理由である。泡沫会社が乱立し、それぞれに人々が熱狂したことが、フランスとの違いである。

　熱狂した人の中には、万有引力を発見したアイザック・ニュートンまでいる。彼は当時造幣局に勤務しており、高給であったにもかかわらず南海泡沫事件によって巨額の損失を蒙ってしまった。

　その額は年収の40年分といわれているから相当な額であったことが推察される。「天体の動きなら計算できるが、人々の狂気までは計算できなかった」という名言は現代にも通じるだろう。

バブル崩壊は社会を破壊し文化にも波及

多くの破産者・自殺者が発生し社会は混乱した。王族や政治家へ怒りの矛先が向かい、責任の追及が求められたものの、結果的にはうやむやのまま事件は終息へ向かう。

政府・王室要人の関与を示す決定的証拠とされる「緑の帳簿」とともに、重要な証人は外国に逃亡した。海外で逮捕されたものの、外交圧力によって送還されなかったのである。この事件の調査に際して会計監査制度が導入されるようになった。

同時期にこのような経済的な大事件が起きたので、文化にも多大な影響を与える。その象徴となるのがドイツの文豪ヨハン・ヴォルフガング・フォン・ゲーテによって書かれた「ファウスト」である。

この作品をここで取り上げるのは、作品としてこれまで紹介してきたバブルを見事に取り入れている点だけではない。それはもちろんのこと、ゲーテ自身も政治家としてヴァイマル公国（現在のドイツ、テューリンゲン州）で宰相として政治を行っていた点である。

おそらく、1775年ごろから10年ほど滞在したこの地での公務の中で、過去の失政を研究したのではないかと考えられる。それ故に、人口6000人ほどで農業が主体の小さな国であるヴァイマル公国では、軍事費、経済支援の打ち切りなどで歳出の削減を図り財政を立て直したのだ。まさに作品に出てくる内容とはまるで違うのである。

「ファウスト」という作品は、誘惑の悪魔であるメフィストが人間を使って神と賭けをするという話である。メフィストは神に対して、人間が愚かで神が与えた理性を正しく使うことができず、結局世界は混沌としたままであると嘲る。

しかし神は常に努力をする者としてファウストを取り上げ、彼をいつか正しき道へと導こうとしていると言う。そこでメフィストはファウストを悪の道へと誘い込むことができれば魂を自分のものにするという賭けに出る。

この戯曲のおもしろいところは、悪魔のメフィストが自分はキリスト教の悪魔であり、ギリシャ神話の神は管轄外であるという話が出てくるところだ。神も悪魔もなんとも官僚的で俗人的である。その世界も縦割りであることが実に滑稽だ。

そして何より、神聖ローマ皇帝に仕え、国家財政が破綻したところを魔法のように解決して見せるというものである。ファウストとメフィストは、神聖ローマ帝国の地下には莫大な財宝が眠っているとして、それと交換できる兌換紙幣を発行させるのである。

もちろんそんな財宝が地下にあるわけがない。だが、人々はその紙幣を本当に価値があるものと信じて使い、流通することで景気が劇的に回復するという話が出てくるのである。

この章の結末は、結果的に財政は破綻してしまい、各地で反乱が起こるというものなのだが、まさに先に述べたバブルを参考にしていることが分かる。

この話の中で、ファウストとメフィストの話を唯一見抜いた人物がいる。それは宮廷内の道化で、紙切れが魔法のように価値を持つなら、魔法のようにいつ消えてもおかしくはない。だから夢は夢として見ておこうと。

ドイツは緊縮財政で有名であり、オランダも同様にEUの中で財政規律に厳しい。それによってEU内で南北対立というものがニュースになる。

これはあくまで憶測の範囲を出ないが、これまで見たようにバブルで大きな失敗をした過去があるからこそ、本質的価値を見極めそれがペテンの施策なのかどうかに目を光らせているとも考えられる。

【その4】日本の昭和・平成バブルと、ＩＴバブル

日本におけるバブルと言えば、1980年代後半の土地や株式投機バブルだろう。それを、昭和・平成バブルと呼ぶ。

昭和・平成バブルの崩壊は、その後の日本の長期停滞と併せて、日本経済のエポックメイキング的な出来事である。

その当時、私自身は小学生であったものの、いろいろ覚えている。ニュースから流れてくる山手線内の土地の価格と米国全土が同じ値段だといったような話や、日本人経営者（特に不動産を多く保有している資産家）が大富豪として米国誌に取り上げられていたことなど。

1989年の年末に、日経平均株価は絶頂を迎える。その後は「失われた10年、20年、30年」といわれる長期停滞が続き、株価も同じ水準には遠く及ばない状況が長く続いた。

昭和・平成バブルとは何だったのか

なぜ、それほどまでにバブル的状況になったのだろうか？　不動産価格の高騰がバブルを形成し、その崩壊後は、不良債権問題、金融システムへの打撃という観点で語られることは多い。だが、根本的な原因に触れられることは少ない。

1985年から1989年までの間に日経平均株価は3・3倍に上昇したわけだが、この1985年が歴史的に大きな変化点となったことを忘れてはいけない。

というのも、1985年9月に行われたG5（先進5ヵ国）蔵相・中央銀行総裁会議において、プラザ合意がなされた。そこで、ドル安円高へ誘導されたからだ。

1980年代前半、米国は経常赤字と財政赤字で、いわゆる双子の赤字に苦しんでいた。その米国の対日貿易赤字が莫大に膨らんでいたのを阻止すべく、円高に誘導することでドルの安定を図ろうとしたわけだ。

もともと米国は、1970年代にインフレに苦しみ、それに対処するために金利高と強いドル政策を押し進めた。それによって米国の金利は高騰し、世界のマネーが米国に集まりドル高になっていった。

高金利政策が続けられたことでインフレは沈静化した。しかし、米国内での投資は抑制され、企業は海外進出を積極化した。結果的に輸入が増加することで、貿易赤字が悪化していった。

80年代に入ってからは金融緩和に向かい、米国の景気は上昇していったわけだ。それによって日本からの輸入が増え、米国の貿易赤字はさらに増大した。

日本企業は好決算となり、車に続いて半導体でも市場を席巻するようになった。日本だけでなく欧州諸国も経常黒字が進んだ。それに危機感を抱いた米国は、世界経済の不均衡を是正させようということで、プラザ合意を演出したわけだ。

プラザ合意は大きな転換点だった

円高は当然ながら日本の輸出産業に打撃を与える。それゆえに日本は財政政策（3兆円の公共事業）と金融緩和政策で対応することになる。

当時の日銀は1986年の1月から5％だった公定歩合を何度か続けて引き下げ、4月には3・5％となった。11月からさらに金利を引き下げ、翌年の2月には2・5％にまで下げたのだ。

日銀内では、86年半ばにはドル安誘導による円高不況から回復し始めており、市中のマネーも増加していることから、さらなる利下げは必要ないという意見もあった。

それにもかかわらず公定歩合をどんどん引き下げていったのは、米国の圧力があったからといわれている。内需拡大で貿易不均衡をなんとかしろというものだ。

これが、80年代後半のバブルにつながっていった。インフレ率が低下し、公定歩合の引き下げも長期化することが予想され、名目金利も低下していった。その土壌が、不動産や株式への投機を生み出していったのである。

もちろん国内銀行が不動産投資への融資姿勢を積極化したことから、のちの不良債権問題へと発展した。さらには、民間企業が財テクと称してバブルに踊ったことも事実である。個人の投資家も当然ながらそれに追随し、国全体が浮かれムードになってしまったことが問題である。

国民がバブルに踊った象徴として、NTT株の放出が挙げられる。売り出し価格（119万7千円）から2か月で2倍以上となり、そこでピーク（318万円）を迎える。それ以降の株価を見れば一目瞭然だが、前述のバブルにもあったように、結局は国が儲かっただけという結果になってしまったのだ。

とはいえ、事の発端は米国からの貿易不均衡、為替の協調介入であり、プラザ合意前後に行われた金利の自由化、資本市場の自由化などにより、日本の金融政策、銀行の環境を変化させたことによるものであることを忘れてはいけない。

現在、米国によって行われている近隣窮乏化政策、自国優先の貿易交渉、金融市場の自由化圧力、ハイテク産業の抑え込みなど、中国はもちろん世界中に対して行っていることは過去にも行われてきたことが分かる。

Qレシオの登場

さて、ここで忘れてはいけないことがある。それは新たな指標、概念の登場だ。バブル経済の真っただ中では、株価や不動産などの資産価格は異常なまでに高騰する。もはや、それまでの指標では説明がつかないほどまで上昇する。

そこで登場するのが、バブル高を説明するための新たな指標である。昭和・平成バブルの際、Qレシオと呼ばれる指標が登場した。証券経済研究所が提示した報告書により広く知られることとなった。

そもそもQレシオは、トービンのQ理論といわれ米国の経済学者であるジェームズ・トービンが提唱したものである。企業価値は株式時価総額と債務の総和であり、もし現時点で企業が解散し現金化した場合に株主と債権者に取り分が分けられるが、実際の資本の価値と市場の評価額との比較を表したものである。

これがバブルの際には逆転してしまい、地価を含めた場合に日本企業の資産価値を考えればまだ株価は上がる余地があるととらえ、株価は高すぎないという印象を作ってしまった。

すでにＰＥＲが60倍以上に達していたわけだから、もはや説明するためだけの指標となったわけだ。

１９９０年代末期のＩＴバブルでは、ＰＥＧ（ＰＥＲを利益成長率で割り算した比率）やＰＳＲ（株価売上高倍率）といったもので同様に説明しようとしていた。

加えて忘れてはいけないものがある。それは１９９０年代後半に起きたＩＴバブルは、１９９５年ごろから始まっているが、それもやはり米国の金融緩和から生じている。

その発端は97年のアジア通貨危機、98年のＬＴＣＭの破綻であり、それによる影響を緩和させるために金利を引き下げ、結果的に根拠なき熱狂であったと当時のＦ

RB議長であるアラン・グリーンスパン氏は述べている。

現代においても、基軸通貨を持つ米国の金融政策、外交政策によって世界経済は大きく変動させられる。現在の状況はリーマンショック以降の金融緩和が今まで続く異常事態が、本来ならどこかで調整されなければならなかった。

新型コロナウイルスという世界共通の難題というお墨付きで、金融緩和と財政出動を世界中で見境なく行っている状態である。このような状態を世界は未だ体験したことはない。

だからこそ、これから先に起こることは、今までの常識で考えてはならないのではないか。

第四章

ないがしろにされるマーケット機能

マーケットは人々の生活に不可欠なもの

人類が生活らしきものを営むようになった太古の昔から、マーケットというものが存在してきた。そして今日に至るまで、マーケットは人々の生活をずっと支えてきている。

マーケットといっても、当初は物々交換の場として自然に発生した、ごく単純なものだった。それでも、交易を通して人々がマーケットに集まり、モノだけではなく情報の交換の場としても、大事な役割を果していた。

人々の生活を支える経済活動が発展していく過程で、マーケットはより広範囲の物品を取り扱い、より広域をカバーするようになっていった。それにつれて、マーケットの機能はどんどん拡充していった。

そこへ貨幣経済が乗っかってくるや、マーケットの機能と利便性はさらに高められた。マーケットから発信される取引状況や価格などの情報をベースにして、経済活動はますますスケールアップ、そしてスピードアップしていった。

さらには、江戸時代に上方(現在の大阪)は堂島で、米の先物取引が盛んに行われるようになった。先物取引が世界ではじめて、それも日本で開発され驚くほどに普及していったのだ。

先物取引が導入されたことによって、時間リスクのヘッジを中心に、各種のヘッジ機能がマーケットに追加された。リスクヘッジの機能が加わったことで、マーケットの使い勝手とマーケット機能の活用可能性は格段に向上した。

その後、通信手段の発達とコンピューターの普及で、金融先物取引はどんどん高度化多様化していった。オプション取引や金融派生商品（デリバティブ）などもマーケットを賑わすようになった。

それにつれて、金融取引が金額的にも物資の取引を大きく上回るようになっていった。それを見て、いわゆる金融の時代の到来といわれるようになった。

こんな具合で、マーケットは昔からずっと存在し、かつどんどん発展してきた。ということは、それだけ人々の生活に欠かせないものだからなのだ。

マーケットというものが経済活動全般、すなわち人々の生活に、どれだけ重要なものであるか？

その最たるものは、その時々の経済活動における合理的な落ち着きどころを示してくれる役割だろう。マーケットは誰にとってもオープンであるが故に、経済活動のフェアなる審判役でもあるのだ。

マーケットはオープンで透明かつ公正、それが命

まずはじめに、マーケットが果たしてくれる機能というものを見てみよう。いくつかある。いずれも、きわめて重要なものである。

それらは、需要と供給を調整してくれる機能、適切な価格発見とマーケット参加者の脱落淘汰を促す機能、そして経済合理性から発する警告（ウォーニング）機能だ。ひとつずつ見ていこう。

まずは、マーケットの大事な機能の第一として、需要と供給を価格の変動でもって、ごく自然体で調整してくれる役割だ。そもそも、マーケットはこの機能からはじまっている。

需要つまり買いのエネルギーが大きければ、価格はどんどん上がっていく。価格の上昇を見て、この値段なら売ってもいいなという意向が尻上がりに増えだす。

いくら買いのエネルギーが強くても、それを見て加速的に増えていく売り意向が、どこかでは追いつく。そして、ある時点で買いと売りのエネルギーが拮抗して売買が成立する。

逆に、投げ売りが集中しているような暴落相場では、価格がどんどん下がっていく。あまりに供給つまり売りの圧力が多く出てきて、ひどい安値となってくると、バーゲンハンティングの買いが自然と入ってくる。

あるいは、売り方の一部で「こんな安値で売るなんて大損だ」と、売り注文を取り下げる動きも高まってくる。これも、マーケットの需給調整機能のひとつである。

経済活動は、すべて需要と供給のせめぎ合いである。より安く買いたいとするニーズと、より高く売りたいとするニーズとがマーケットでぶつかり合う。そして、価格変動でもって需給の調整をやってくれるわけだ。

おもしろいのは、「この値段でなければ、買うのは嫌だ」と言い張って、売り値が下りてくるのを待つのは自由。しかし、別の誰かがさっさと買ってしまったら、そこで売買が成立してしまう。つまり、自分が希望していた価格よりも高値で買いをさらわれてしまうわけだ。

売りも同様で、「この値段ぐらいになったら売ろう。相当に儲かるぞ」とほくそえんでいたのに、そのずっと手前で誰かしらないが、売りがどんどん出てきた。それを見て、多くの人たちが「自分も早く売っておこう」と売りを集中させる。気がついたら、買いのエネルギーは吸い取られてしまい、自分は望んでいた高値で売るどころか、ひとり取り残されてしまうことになる。

こういった緊張感をともなった現象が、マーケットでは日常茶飯事である。マーケットがすべての参加者にオープンであるが故の、不特定多数のマーケット参加者による需要と供給の調整がごく自然体で成されていくことになる。

そう、マーケットでは「どこで、誰が、どんな行動をしてくるか知れたものではない」という環境下で、きわめてオープンな需給調整が繰り広げられるのだ。そこには、個人のわがままや政治的な意図などが紛れ込んでくる余地はない。

マーケットがオープンであればあるほど、世界各地それこそ北から南まで不特定多数の人々や物品、そしてマネーや情報が集まってくる。当然のことながら、世界中の人々のありとあらゆる経済的目的や利害関係も入り込んでくる。

そういった自由なるマーケット参加を得て、その時々の需要と供給の力関係が調整されていく。ということは、万人が自由に参加できるマーケットでもって、きわめてオープンで透明かつ公正に需要と供給が調整されていくわけだ。これが、マーケットの需給調整機能である。

それだけでは終わらない。マーケットで時々刻々と形成されていく価格と、その取引状況が最新の情報となって発信され、次なる経済活動を誘引することになる。

したがって、マーケットは限りなくオープンで、透明かつ公正に運営されなくてはならない。それが故に、「マーケットの自浄作用」はきわめて重要である。マーケットの自浄作用については後で詳しく述べよう。

マーケットでの価格形成の重要性

マーケットが果たす機能の第二は、「価格発見」という大事な役割である。マーケットでは、万人の自由なる参加でもって、その時々の需要と供給の力関係が自動調整されていく。そして、両者の均衡点で価格が決定される。

ということは、それだけ万人の納得がいく線で価格が決まっていくはず。したがって、客観性も高い。マーケットがオープンで透明かつ公正であればあるほど、そこで決定される価格に恣意性などが働く余地はなくなっていくはず。

もちろん、その価格に不満ならば、いつでも次なるマーケット参加という行動でもって、いくらでも価格の是正を迫ることができる。すべては、その時々の需要と供給の力関係である。

その価格に対する不満が独りよがりではなく、多くのマーケット参加者にも共有されるならば、大きな力となってマーケットでの需給調整機能に働きかけられる。そして、新しい価格形成となっていく。

大事なのは、その時の需要と供給の力関係が透明かつ公正に調整されて、価格が形成されなければならないということだ。そこに、過剰なまでの人為や政治などの圧力が入り込んだりしたら、マーケットの価格発見機能は台無しとなる。

それは、そのまま経済活動を歪めていくことになる。経済活動はすべて需要と供給であり、需要と供給の均衡点である価格の形成が歪められてしまっては、なにをもって判断基準にしてよいのか分からなくなる。

マーケットにおける価格発見機能は、あくまでも個々の価格を合理的な水準でもって決めてくれるものである。株価であれば、個々の企業の経営状況から社会的な受け取られ方まで、すべてが如実に織り込まれていく。

たとえば、株価の推移だ。企業経営者にとっては厳しかったり、あるいは心強い評価になったりして、時々刻々と株価に反映されていく。きわめて客観的な評価である。投資家にとっても、買うか売るかの合理的な判断材料となる。

ところが、この30年ほどで、世界的にもインデックス・ファンドや株式ＥＴＦが大きな地歩を築いてきた。いわゆる平均株価に投資するというもので、個々の企業の株価を全部ひとまとめにしたパッケージがマーケットで売買されているのだ。

インデックスファンドは日経平均株価やＴＯＰＩＸ（東証株価指数）、米国ならＳ＆Ｐ５００種平均株価などが、その代表例である。それらインデックスの計算式は、ダウ平均とか時価総額の加重平均とかいろいろあるが、いずれも組み入れ企業すべての株価を、ひと括りにしたものである。

一方、株式ＥＴＦは上場投資信託と呼ばれ、日経平均株価やＴＯＰＩＸといったインデックスを投信に仕立てたものである。個別企業に投資するのと同じで、株式市場で場が立っている間は、いつでも自由に売買できる運用商品である。

もともとは個別企業の株価を売買するはずの株式市場で、インデックスファンドや株式ETFが大きな地歩を築いてきた。個々の企業の株価形成を踏みにじるまでに存在感を増している。

たとえば、最近ではインデックスとその先物取引の売買額が、日本株市場ではなんと80％前後、米国株市場では85％に達するといわれている。昔からの個別株取引は株式市場で片隅に追いやられてしまったわけだ。

いまやインデックスや株式ETFという数値が、株式市場や先物市場で主たる投資対象となって売買されている。ということは、インデックスや株式ETFを組成している企業群の中で、それらの値動きに影響力の大きな企業が集中的に買われることとなる。

つまり、インデックスや株式ETFを押し上げるため、それらに対する価格影響力の強い個別企業の株を、どんどん買い上げるわけだ。ヘッジファンドや投機筋はもちろんのこと、運用成績を上げることに躍起となっている機関投資家が、このマネーゲームを主導している。

なんとも、おかしな展開となってきた。個々の企業の業績動向をていねいにリサーチして、買う企業と売る企業とを選別し、投資するのが株式投資の基本である。

ところが、投機筋はじめ機関投資家は巨額の資金を背景に、一部の企業の株式を大きく買い上げる。それでもって、インデックスや株式ＥＴＦを押し上げては利ザヤを稼ごうとする。もはや投資ではなく、完全なるパワーゲームである。

彼らからすると、インデックスや株式ＥＴＦの値動きに影響を与えそうなマクロ指標や政治動向には注意を払う。その一方で、個々の企業の業績動向などまったく眼中にない。事実、機関投資家の間で個別企業のリサーチ部門を廃止するところが相次いでいる。

もうそうなってくると、マーケットでの価格発見機能もなにも、あったものではない。個々の企業の業績動向などすべて無視し、平均株価として十把ひとからげにしたインデックスや株式ＥＴＦをもって投資対象としているのだから。

実は、そういったパワーゲームを先導しているのが、年金など世界中の機関投資家である。一般生活者から託された年金などの財産を運用している機関投資家が、マーケットでの価格形成を歪めているわけだ。

日銀もマーケットを踏みにじっている

最近では、日銀が株式ETFの大量買いで株価形成をどんどん歪めていっている。すでに34兆円も購入しており、まもなく公的年金（GPIF）を抜いて日本最大の株式保有者、つまり日銀が最大手の株主に躍り出ようとしている。

日銀からすれば、株式ETFを購入する買い手としてマーケットに参加しているだけと言い張れる。その目的は株価全般を高めに誘導して、国の政策に協力することにあるとしている。すなわち、株高による資産効果でもって景気浮揚を促進させることだ。

これは、国家の力でマーケットの価格発見機能を踏みにじる、きわめて危険な行動である。なにしろ、日銀は通貨の発行権を持っており、その気になれば無限に株式ETFの購入を続けられるのだから。

ということは、なにがなんでも株価を上昇させるぞ、そういった政策目的があってのマーケット参加である。

経済活動で生じる需要と供給の力関係を調整していこうとするマーケット機能を、

はじめから無視しているわけだ。当然のことながら、価格発見もなにもあったものではない。

そもそも株式ETF購入ということは、株式市場に上場している企業の株を選別することなく、どれもこれも一緒くたにして買うわけだ。そこに、決定的な問題がひそんでいる。

どういうことか？　マーケットの価格発見機能には、時代適合性を失った企業に対して、市場からの退出を促す重要な役割がある。

そう、投資家がその企業を見放す動きが広まっていくと、株価はどんどん下がっていって、最後は紙切れ同然となる。もう誰の目にも、その企業の存在は認められないと映る。すなわち、マーケットからの退出通告だ。

そういった、どうにもならないようなダメ企業の自然淘汰を促すのも、マーケットの大事な役割である。ところが日銀は株式ETFの大量購入で、ダメ企業の淘汰を阻止するだけでなく、むしろ存続させようとしているわけだ。

これは、優勝劣敗と適者生存で成り立っている自由主義経済を根元から揺さぶる、いってみれば自殺行為である。自由競争社会では企業や個人の脱落淘汰と敗者復活があって当然で、それを抑え込んでしまっては経済は弱くなるばかりである。

オープンで透明かつ公正な取引がなされているマーケットでの価格形成ならびに自然淘汰が、健全なる経済活動の第一歩である。それを政治権力で押し潰しておいて、なお日本経済の活性化を目指すなど、大いなる政策矛盾である。

どうせ日銀が株を買うのなら

通貨の番人である中央銀行に景気対策の一翼を担わせようとする、最近の世界的な傾向はそもそもからしておかしい。本書の別の項で書くが、先進各国はとんでもないツケを支払わされることになる。

それはともかくとして、日銀がどうしても株価を上昇させたいのなら、はるかに良い方法がある。もちろん、マーケット機能を十分に尊重した上でだ。

どんな方法か？　日銀が株式ＥＴＦなんてものを購入する代わりに、投資一任業者に日本株市場で個別株、それも現物買いで競争運用させるのだ。

具体的には、日本株の現物買いのオープンコンペに参加を希望する投資一任業者を公募する。その上で、日銀は四半期毎に均等額をコンペに参加した業者に割り当てる。2年目以降は累積の運用成績でもって、割り当て額に差をつける。

日銀は当初年間3兆円の株式ＥＴＦ購入を目指していたが、最近は6兆円も買っている。とんでもない金額だ。それだけの額を均等割りした資金を運用させてもらえるとなれば、投資一任業者にとっては大きなビジネスチャンスとなる。

なによりも、オープンコンペだから自社の名誉にかけて良い成績を世に訴えたい。ましてや、累積の成績が良ければ割り当て額が増額されるのだ。

各社が良い成績を残そうと相当に力を入れるのは間違いない。なにしろ、各社の運用成績から組み入れ銘柄まで、すべてが日銀のＨＰ上で逐次公表されるのだ。

当然のことながら、各社とも投資対象にする企業の選別は厳しくなる。つまり、将来に向けて業績の見通しが良い企業はどんどん買われる一方で、多くのダメ企業などは投資対象にも入ってこない。

そう、日銀によるオープンコンペは否応なしに上場企業の適者生存を迫ることになるのだ。ダメ企業は見向きもされず市場からの淘汰の対象となっていく。これは、マーケット機能そのものである。

それだけではない。日銀がこれだけ大量の株式ＥＴＦ買いをしてしまったということは、もはや売却不能である。ちょっとでも売りの意向を示した瞬間、株式市場は大暴落となる。おそらく、とんでもない墓穴を掘ったと後世に語り継がれよう。

その点、オープンコンペでは各社とも将来可能性の高い企業を中心にポートフォリオを構築する。売るに売れないダメ企業などには投資するはずもない。

したがって、日銀の政策変更で将来、保有株を売却する段階となっても、株式市場でいくらでも消化できる。いつでも売却できる、つまり流動性を意識したポートフォリオ構築は、プロの運用におけるイロハのイなのだから。

繰り返すが、日銀など中央銀行が株式投資するなど、あるべき姿ではない。それどころか、株式ＥＴＦの大量購入なんて最悪の投資である。

マーケットからのしっぺ返しを食らう

マーケット機能の第3は、警告（ウォーニング）機能だ。その時の需要あるいは供給どちらかの力がやたらと勝って、価格が一方向へ偏りすぎた時にブレーキをかけるという、マーケットならではの重要な役割を果たす。

マーケットのウォーニング機能とは、経済合理性への回帰を促すものと言い換えてもいい。

ブレーキをかける？　経済合理性への回帰？　そう、経済の現場では往々にして需要あるいは供給どちらかの圧力が異常に高まって、価格が一方向に傾きすぎてしまうことがある。

そういった時に、それを是正しようとする働きだ。つまり逆方向へ、カウンターバランスの力が自然と湧き上がってくるのだ。

このカウンターバランス機能は、マーケットがオープンであればあるほど、大きな力を発揮する。その時々の政治的意図や人為の圧力などに対しても、経済合理性の観点からノーを突きつけてくる。

昔から折にふれて、「マーケットからのしっぺ返しを食らう」といわれている。その時の人気とか政治的な圧力でもって、あまりに経済合理性を歪めていくと、どこかで手痛い「しっぺ返し」が待っているぞという教訓である。

それは、こういうことだ。人為などなんらかの圧力で、価格を強引に押し上げることは可能。たとえば、投機筋などによる相場操縦の買い上がりだ。大量の資金でもって株価を意図的に押し上げたりする。

しかし、そういった価格押し上げの買いが長く続く間に、その反動つまり売りのエネルギーが、徐々に蓄積されていく。そして、どこかで買い方はゴムが延びきったようになる。その瞬間を待って、売りのエネルギーが爆発する。

溜まりに溜まったマグマが噴き出るや、マーケットは一挙に崩れ落ちる。その時点まで強引に買い上がってきたから、買いのエネルギーは出尽くしている。そんなところで売りが集中すれば、価格は真空状態を落ちていくような棒下げとなる。

すさまじいまでに価格が叩き潰されていく様を見て、それを「マーケットからのしっぺ返し」という。

放漫財政にブレーキをかけてくれる

マーケットからのしっぺ返しは、国の政策に対しても容赦はない。本書の主題である金融バブルの大崩落でも、超のつくほど巨大なしっぺ返しとなるだろう。

その様子は第五章で詳述するとして、ここではマーケットメカニズムの観点から見てみよう。たとえば、国が放漫財政の穴埋めに国債を大量に発行するとしよう。マーケットから見れば、国債の大量発行すなわち大幅な供給超過だ。

それに対してマーケットは、ちょっと待ってくれ、となる。国債の大量供給に見合うだけの買い需要を高めるには、それなりの金利をつけてもらおうではないか。でないと、誰も買ってくれませんよと、マーケットは迫る。

つまり、国債を発行しようとしている国側に対し、国債の発行金利の引き上げを催促するわけだ。それでもって国債購入の魅力を高めないと、買い手は現れませんよと国に迫る。

それを無視して国債の大量発行を強行するとしても、マーケットでは買い手がいないから大半が売れ残りとなる。つまり、国は予定した金額をマーケットから調達できなくなるだけのこと。

あるいは、国債の大量発行というニュースだけで、早くもマーケットは反応する。大量の国債の新規供給による債券市場の値崩れを嫌気した債券売りが出てくるのだ。そして、債券価格は下がりはじめる。

債券価格の下落は市場での取引金利、とりわけ長期金利の上昇をもたらす。長期金利が上昇してくれれば、もう否応なしだ。それでも国債を発行したいのなら、国側は発行金利の引き上げを呑まざるを得なくなる。

発行金利の引き上げ催促にしても、長期金利の上昇にしても、国債を大量発行しようとする国側にとってはコスト増に直結する。それを見て、国は予定していた国債の発行額を減らすか、発行そのものを取り止めるかの対応を迫られる。

これが、マーケットのウォーニング機能である。つまり、経済的な不均衡は価格変動（金利変動）でもって、合理的な水準にまで修正しましょうということだ。

いかに国といえども、マーケットのウォーニング機能すなわち経済合理性の鉄槌には逆らえない。無理をゴリ押しすれば、経済活動を歪めてしまい結果的にはずっと高いコストを支払うことになる。

それも、マーケットのしっぺ返しである。

マーケットからの警告がない恐ろしさ

ここまでは、マーケットの機能について書いてきた。とりわけ、マーケットの警告（ウォーニング）機能が十分に発揮されることは、健全なる経済活動を担保していく大事なステップとなる。

それなのに、マーケットのウォーニング機能を抹殺し続けてきたのが、この25年間の日本の超低金利政策である。これは、リーマンショック後12年に及ぶ先進国の金融緩和政策にも当てはまる。

日本は1995年4月に公定歩合を1％に引き下げ、同年の9月には0・5％へとさらに下げて、超低金利政策へ突入した。それから今日に至るまで、日本はずっと超低金利さらにはゼロ金利を続けている。

米国や欧州も2008年のリーマンショック後、やはり超低金利そしてゼロ金利へと、金融政策の舵を切った。

日本も欧米も、バブル崩壊で巨額の不良債権を抱え込んだ企業や銀行を「大きすぎて潰せない」ということで、あらゆる救済策を講じた。その最大の目玉がゼロ金利と大量の資金供給政策である。

政策金利をゼロ同然の水準にまで引き下げれば、企業の資金繰りが楽になり金利負担も抑えられる。それだけ、バブル崩壊後の景気回復は早まるし、企業倒産や大量失業の発生も防げる。銀行の不良債権処理も進むという算段だ。

逆に、このまま放置すると経済のみならず社会は大変なことになると大騒ぎになった。それが、1990年代に入ってからの日本経済であり、リーマンショック後の先進国の対応となった。

日本でも先進各国でも、バブル崩壊で大きな評価損を抱え込んだ企業や金融機関が多く、金融機能がマヒ状態に陥った。それが信用収縮につながり経済活動にブレーキをかけてしまうから、なんとかしてやらなければというわけだ。

金融機能マヒや信用収縮を防ぐには、金利をゼロ同然にまで引き下げ、かつ大量に資金を供給するしかない。そういった判断を、日本ならびに欧米の政府や金融当局は下した。

たしかに、その論理には一理ある。不良債権に苦しむ金融機関の与信能力は大幅に下がっている。このままでは、経済活動の拡大再生産にはつながっていかない。そう考えたくもなる。

ただし、マーケットの論理からすると、あまりに政治的配慮優先で経済合理性を欠いた考え方と映る。

バブル崩壊によって金融市場や経済は大混乱をきたした。なにがなんでも企業倒産や失業の大量発生を防がなければとする政治的判断が、本当に正しいのかどうか。

どういうことか？　バブルに踊り狂い、その挙句のバブル経済の崩壊で大きな評価損をこうむった企業や、巨額の不良債権を抱え込んだ金融機関が苦しんでいる。

とはいえ、どちらも民間企業として自己責任で対処するだけのこと。

そもそも、「大きすぎて潰せない」ではなく、大きくても潰れるものは潰れる。それが、自由競争経済そしてマーケットの論理である。

逆に、マーケットの論理や警告を無視すると、高いコストを支払うことになる。そのあたりを、見てみよう。

企業や金融機関の新陳代謝こそが経済活性化につながる

バブル崩壊の痛手で、企業や金融機関が連鎖して潰れたところで、それは経営の失敗にすぎない。経済の現場から淘汰され、マーケットから脱落していくだけのこと。自由競争経済で企業の救済策など、もってのほかである。

その過程で不況に陥れば、金利は当然のことながら下がっていく。わざわざゼロ金利政策を導入するまでもない。

大量の失業発生といったところで、潰れる企業からより活力ある企業への労働力の移転は、むしろ歓迎すべきこと。経済の活性化には不可欠である。もちろん、時間的なつなぎとして失業保険の適用や、労働者の再教育は国の責任で遂行していくことになるが。

それよりも大事なのは、バブル崩壊でもビクともしていない企業や金融機関が、ここぞチャンスと一挙に躍り出る道筋をつけてやることだ。その一点にのみ政策は集中していい。

なぜなら、バブルが崩壊しようと人々の生活は続いている。人々の生活を支える企業活動も、一時として途切れてはいない。人々の生活や、それを支える企業活動ならびに金融サービスは、バブル崩壊などお構いなしにずっと存続するのだから。

人々の生活を支える企業にしても、信用を供与する金融機関にしても、どんどん新しいプレーヤーが登場してくる方がずっといい。それでこそ経済に活力をもたらし、健全なる発展につながっていくことになる。

どんなに強烈なバブル崩壊にしろ、通常の不況にしろ、不適格な企業や金融機関を整理淘汰させる作用がある。これを不況の効用という。

自由競争経済では、いつでもどんな時でも参加者つまりプレーヤーの新陳代謝を促すことが重要。それでもって、より健全で活力あふれる経済をつくっていくことができる。

より活力ある企業に、より多くの資金や情報が向かうようにさせるのが、これまたマーケットの重要な役割である。それでもって、優勝劣敗や適者生存を確実に進めることができる。

ところが、日本も欧米もバブル崩壊後の対応で、企業や金融機関を救済する政策を採った。「大きすぎて潰せない」という政策判断で、自由競争経済の肝である適者生存の大原則を踏みにじってしまった。その成果はどうであったか？

いつまで経っても低成長から抜け出せないし、政策目標としてきた2％インフレとやらも達成できていないではないか。そのかたわらで、経済的社会的な格差はどんどん大きくなっている。

また政府債務、つまり国の借金は著増している。日本で見ると、この30年間で1000兆円以上も積み上がってしまった。そのうち、かなりの部分が企業や銀行の救済政策で発生したコストである。えらく高いコストを支払ったわけだ。

さらには、ゼロ金利政策と大量の資金供給で、企業経営全般がずいぶんと弛緩してしまった。また、ゾンビ企業も増加している。どう見ても健全な経済発展からは、ほど遠い。

大きすぎて潰せないとかの政治による救済策をあざ笑うかのように、GAFAMなどのネット関連やデジタル革命に乗った新興企業がグングンのし上がってきている。なんとも皮肉である。

金利をゼロにして、経済が動くわけがない

日本も世界も、ずっとゼロ金利政策を押し進めている。それが高じて、いまや世界のマーケットでは、17兆ドルという巨額のマイナス金利国債が流通するといった異様な事態となっている。

通常、債券投資というのは満期時に元本が戻ってくる。そして、それまでに得た利金収入の合計額が債券投資のリターンということになる。債券の中でも、国債投資が一番安全な投資対象ということになっている。

いかに安全とはいえ、マイナス金利国債ということは、満期まで保有してもプラスにならない投資を意味する。そんなマイナス金利国債を世界の金融機関や年金など機関投資家が1800兆円も買っているのだ。

いくらゼロ金利で運用難だといったところで、マイナス金利国債に1800兆円もの資金が買い群るなど、まったくもって理解に苦しむ。一体どうやって運用責任を果たすつもりなのか。

もちろん、彼らは満期まで保有する気はなく、どこかで売り抜けようとしている。世界の金融緩和はまだまだ続く。したがって、後から後から買いが入ってくるだろうから、いつでも売れると高を括っているのだ。まるでトランプのババ抜きのような運用をしているわけだ。

ここで債券相場が崩れたり、長期金利が上がったりしたら、もう一巻の終わりである。とんでもないリスクが現実となる。それほどまでに日本も世界も、金利のない世界にどっぷり浸っているのだ。

いうまでもなく、経済活動において金利は不可欠である。なにしろ、金利は儲けそのものなのだから。したがって、金利をゼロにしたりしたら、経済が動くわけがない。

それどころか、経済活動をどんどん歪めてしまう。なにしろ、金利の上下変動が経済活動を調整しつつ、その時々の経済合理性を示す尺度でもあるのだから。その役割を押し潰してしまうのだ。

早い話、金利のない世界では、金利コストをまったく意識することなく、たとえば国債をいくらでも発行できる。そういった誘惑に駆られる。つまり、国債発行にブレーキがかからなくなる。その先、一体どうなるのだろう?

そうなのだ、マーケットからの警告(ウォーニング)が、さっぱり聞こえてこない状態になっていくのだ。ということは、ブレーキのかからない暴走を許すことにもなりかねない。

為政者にとっては強引な政策を押し進められて都合がいいかもしれないが、経済的な不合理がどんどん積み上がっていくことになる。その先、どうなってしまうのだろう？　きわめて不気味というか危険である。

この30年間の日本を見るに、経済のジリ貧が続き日本経済の活力は失われていく一途だった。その一方で、国の借金はどんどん積み上がっていった。

アベノミクスもデフレ深刻化は食い止めたというものの、それ以外どんなプラス効果があったのか？

経済は生きものである。経済合理性が働くからこそ、新たなる経済行動への活力も出てくる。しかるに、ゼロ金利政策や大量の資金供給で、経済合理性をないがしろにし続ければ、企業経営も経済活動全般もダラけていくしかない。

マーケットの自浄作用はどこへ行ったのか

これだけ国や中央銀行がマーケット機能を踏みにじってきているのに、いまさらマーケットの自浄作用だなんて、そう思われるかもしれない。だが、マーケットの自浄作用はきわめて重要な観点である。

マーケットの自浄作用とは、市場関係者はもちろんのこと、マーケット参加者がすべからく持つべきモラルというか意識の高さでもある。それがあってはじめて、マーケットは本来持っているすばらしい働きをしてくれるわけだ。

もともとマーケットはオープンで透明・公正な売買取引を謳っている。だが、時として激しい投機の場となり、暴走にブレーキがかからなくなってしまう。市場参加者の大多数が常軌を逸したような投機に突っ走ったりするのだ。

それが、バブルである。どれほど常軌を逸していたかは、投機の熱狂が過ぎ去った後に参加者全員が思い知る。

バブル投機の宴の後には、マーケット全体に悲惨な傷あとが残される。経済活動にも大きなマイナスを与えてしまう。そうなっては、本末転倒もいいところである。その反省として登場してくるのが、マーケットの自浄作用である。

どういうことか？　経済活動がより潤滑に進められるよう、さまざまな機能を発揮するのが、マーケットのそもそもの役割である。

それなのに、投機などの行きすぎを許したり、その挙げ句に経済活動全般にマイナスをもたらしたりすることは、あってはならない。マーケットの存在理由を自己否定することになる。

それは絶対にマズイということで、市場関係者が中心となって、マーケット参加のルールなどを見直すわけだ。といっても、法律でガンジガラメにするなどは可能な限り避けたい。あくまでも自由なる参加というオープンさを尊重する。

この大前提は崩さない。その上でもって、常軌を逸したような投機の再発を防ぎ、マーケット本来の機能が働くよう衆知を結集するわけだ。

マーケットの持ち味である、オープン・透明・公正という大きな枠組みは、なにがあっても崩さない。それを踏まえた上での自己改革を怠らない。それがマーケットの自浄作用につながっていくことになる。

時として、国や社会全体がマーケットの自浄作用に積極的に関与することもある。1980年代に米国で発生したS&L問題がそうだった。

セービングズ・アンド・ローン（S&L）問題とは、一般市民を対象にした小口の融資機関が放漫融資で次々と経営破綻をきたした。S&L融資には政府保証が付いていたから、米連邦政府は巨額の税金投入を余儀なくされた。

この問題で、米国はS&Lの経営者5700名ほどを刑務所へ放り込んだ。彼らは連邦政府がリスクを吸収する仕組みに乗って、預金者の資金でギャンブルをするというモラルハザードを犯してしまった。それを厳しく追及したのだ。

マーケットの浄化に向けて、国はもちろん米国社会も強い支持を与えたわけだ。米国の政府も国民も、自己規律やバランス感覚を欠いたマーケット参加は、市場機能を損なってしまい国民経済的にもマイナスと断じたのだ。

その米国が、リーマンショック時には一人も逮捕者を出していない。S&L問題よりはるかに大きなモラルハザードが横行した。なのに、それを追求する声はまったく聞こえてこなかった。

市場原理主義の暴走

最近はマーケットの自浄作用など、とんと言われなくなった。逆に、マーケット参加者の間で「市場は常に正しい」とか「市場は万能である」といった傲慢さが暴走するようになってしまった。

とりわけ、2000年代に入って世界的な金融バブルが膨れ上がってからという

郵便はがき

料金受取人払

葛西局承認

2100

差出有効期間
2021年12月31日
まで（切手不要）

134-8740

日本郵便株式会社
葛西郵便局 私書箱20号
日経BP読者サービスセンター

『金融バブル崩壊
危機はチャンスに変わる』係 行

ご住所	〒□□□-□□□□ □自宅 □勤務先 （いずれかに☑印を） （フリガナ） TEL（ ） —	
お名前	姓（フリガナ）	名（フリガナ）
Eメールアドレス		
お勤め先	（フリガナ） TEL（ ） —	
所属部課名	（フリガナ）	

※ご記入いただいた住所やE-mailアドレスなどに、DMやアンケートの送付、事務連絡を行う場合があります。
このほか「個人情報取得に関するご説明」（https://www.nikkeibp.co.jp/p8.html）をお読みいただき、ご同意のうえ、ご記入ください。

『金融バブル崩壊 危機はチャンスに変わる』

より良い作品作りのために皆さまのご意見を参考にさせていただいております。ご協力よろしくお願いします。(ご記入いただいた感想を、匿名で本書の宣伝等に使わせていただくことがあります)

A. あなたの年齢・性別・職業を教えて下さい。
年齢(　　　)歳　　性別　男・女　　職業(　　　　　　　　)

B. 本書を最初に知ったのは
1. テレビを見て(番組名　　　　　　　　)
2. 新聞・雑誌の広告を見て(新聞・雑誌名　　　　　　　　)
3. 新聞・雑誌の紹介記事を見て(新聞・雑誌名　　　　　　　　)
4. 書店で見て　5. 人にすすめられて　6. インターネット・SNSを見て
7. その他(　　　　　　　　)

C. お買い求めになった動機は(いくつでも可)
1. 内容が良さそうだったから　2. タイトルが良かったから　3. 表紙が良かったから
4. 著者が好きだから　5. 帯の内容にひかれて
6. その他(　　　　　　　　)

D. 本書の内容は
1. わかりやすかった　2. ややわかりやすかった　3. やや難しかった　4. 難しかった

E. 本書に対するご意見・ご感想、ご要望などありましたらお聞かせください。

ご協力ありがとうございました。

NB書籍

もの、その傾向が強まった。いわゆる金融の時代到来ということで、市場主義が暴走をはじめたり、市場原理主義なるものが飛び交い出したりしてからだ。

市場機能が働いている限り市場による調整力は抜群で、政府などによる余分な規制は不要である。そう主張するのが、市場原理主義である。その暴走がリーマンショックを招くことになったわけだ。

当時すでに世界的な金あまり状態にあった。そこへ、金融工学や数式を駆使して金利を付加させることで証券化した運用商品などが、次々と生み出されていったからたまらない。

どれもこれも運用商品として仕立てられてはいるものの、統計学や確率論による計算上の産物にすぎない。実体経済からは遠くかけ離れている。

それでも、運用成績を追い求める世界中の金融機関や年金など機関投資家にとっては、恰好の運用対象と大歓迎された。これこれの確率で、これこれのリターンが期待できますよといった運用商品は、いくらでも欲しい。

金融機関や年金などの機関投資家は、とにかく運用成績という数字を積み上げたい。いってみれば数字を追いかけているだけのこと。実体経済にどう貢献するか、マイナスとはならないかなど、運用の現場ではまったく考えていない。

そういった、ひたすら数字を追いかけるにすぎない金融商品の取引額が、天文学的な金額となっていった。いわばバーチャル（架空）な世界での金融取引が、実体経済でのマーケット取引を大きく凌駕して、でんと構えるようになったわけだ。

そうなると、数字のやり取りにすぎない売買が、マーケットを我がもの顔しての し歩きだす。マーケット本来の需給調整機能を超えてだ。

実際、世界の機関投資家運用では運用成績という数字を積み上げるための無機質な売買、つまりディーリング運用が主流となっている。数字のやり取りを繰り返しているにすぎない巨額の取引が、世界の金融マーケットで支配的な位置を占めるようになってしまった。

もうそこでは、マーケット参加者のモラルもなにもない。ひたすら無機質に巨額な金融取引が刻々と進められていっているだけのこと。

これも、金融バブルの膨れ上がりには大きく寄与している。ただただ数字を追いかけるだけだから、バブルだろうとなんだろうと構わない。数字さえ大きく積み上がれば良しなのだから。

第五章

金融バブルは大崩落の途に

世界は、どこまで金融緩和と大量の資金供給を続けるのか

日本も世界も景気拡大を目指して、これでもかこれでもかと金融を緩和し、大量の資金を供給する政策を、ずっと続けている。コロナ問題が発生してからというもの、それが一気に加速した。

第一章で草刈が書いているように、金融政策は議会などの承認を経ずとも発動できる、なんとも手軽な景気対策である。なにしろ、中央銀行に金融緩和政策を進めさせればよいだけだから、先進国を中心にますます重宝がられている。

もとはといえば、資金さえ大量に供給すれば経済は成長する、そう唱えるマネタリズム理論が1980年代から浸透しだした。そして、この20〜30年ほど日本も先進各国も金融緩和と大量の資金バラ撒き政策を、どんどん深堀りしてきたわけだ。

さて、そのマネタリズム政策だが、果たしてどれだけの経済効果を生んだのだろうか？　各国とも金利をゼロ同然まで引き下げ、資金さえ大量に供給すればでやってきたが、一体どれほど成長率が高まったと言えようか？

残念ながら、日本はもちろんのこと世界中を見わたしても、そう大した成果は出

ていない。先進国を中心に、どの国も成長率はさして伸びていない。インフレ目標ということで、2%の物価上昇を目指してはいるが、そちらもさっぱりである。

それどころか、各国とも景気対策をますます中央銀行に頼るといった、おかしな展開となってきている。経済活性化から景気浮揚まで、本来は政府の役割である。なのに、その仕事を通貨の番人である中央銀行に担当させているのだ。

中央銀行はインフレを抑制するなどして、通貨の信用と信頼、そして安定性で砦となる重要な役割を担っている。ところが、通貨の番人であるはずの中央銀行に対し、どの国もインフレを引き起こせと迫っているのだ。

本末転倒で支離滅裂な政策と言うしかない。そんな無茶を長年ずっと強行してきたわけだが、それでもマネタリズム政策の効果は、さっぱりなのだ。

一方で、金融緩和と大量の資金供給を深堀りしてきたことの弊害の方は、どんどん大きくなってきている。これには要警戒であり、この第5章の本旨でもある。

弊害？　そうだ、世界的な金融バブルが二重三重どころか四重五重にも上塗りされて、膨れ上がり続けているではないか。それが、もうブレーキのかからない暴走状態となっている。

いつの時代にもバブルは必ず破裂する。現在進行中の金融バブルも、いずれどこかで崩壊しよう。その時は、収拾のつかないような大混乱が世界の金融マーケットのみならず世界経済を襲うことになろう。

この章では、そのあたりに焦点を当てる。おそらく世界は、とんでもない修羅場に叩き落とされよう。それもあって、この章を「金融バブルは大崩落の途に」という表題にした。そう、金融バブル崩壊ではなく大崩落だ。

マネタリー政策の効果は？

まずは、金融を緩和し資金さえ大量に供給すればのマネタリー政策が、どれほどのものであったのかを洗い直してみよう。それが、どれだけ効果が薄かったのか、反対に、ただただ将来のコストを高めるだけだったかを、振り返ってみる。

トップバッターは、わが日本だ。１９９０年に入って土地と株式投機のバブルが崩壊してから今日に至るまでの30年間、日本政府はこれでもかこれでもかと景気対策の予算を計上してきた。

そのかたわらで、日銀は超低金利政策からゼロ金利政策へと踏み込み、国債買い入れなどで巨額の資金供給を続けてきている。とりわけ、2013年に黒田東彦総裁となってからの金融緩和政策はすさまじい。

日本では政府も日銀も、マネタリズム理論を完璧なまでに政策へ落とし込んできたわけだ。それだけでは収まらず、主として米国の経済学者などが唱える新しい（？）マネタリー理論の実験場とも化してきた。

しかしながら、さっぱり効果は現れてこない。バブルが崩壊して30年が過ぎる。その間、日本経済はずっとジリ貧と長期低迷に喘いでいる。一方、景気対策などの財政支出拡大で、国の借金は1159兆円にまで膨れ上がった。（財務省、2020年6月末現在）

アベノミクスでデフレ現象を克服した？　これだけ大量に資金をバラ撒けば、さすがにデフレ現象の進行は食い止められよう。しかし、いまだ日本経済に活力が蘇ってこない。それが現実である。

もちろん、世界最速のスピードで少子高齢化が進んでいるといった、経済外のマイナス要因もある。さりながら、ゼロ金利政策ならびに、いくらでも資金を供給しようとする金融緩和とで、果たしてどこまで経済活動を活性化できようか？

経済活動の活性化どころか、企業経営全般をやたらと弛緩させてしまった面は否定できまい。金利はゼロ同然で、いくらでも資金が借りられる、そういった事業環境では経営が鍛えられるはずもない。

現に、生産性の低さなど日本企業の国際競争力は、見る影もなく落ちてきているではないか。国の予算バラ撒きに甘えるゾンビ企業が増えるなど、企業が果たすべき役割である社会に富を生みだす力を弱めてしまっている。

それでは、経済もジリ貧をたどるしかない。

先進各国もマネー漬け

一方、世界は、2008年9月のリーマンショック後、こちらも先進国を中心にすさまじい勢いで大量の資金供給に走ってきた。ゼロ金利を導入するなどの金融緩和政策も矢つぎ早で、EUでは早々とマイナス金利にまで行ってしまっている。

これらは、2000年代に入って膨れ上がった世界的な金融バブルが崩壊し、それに対処すべく打ち出された政策である。その金融バブルだが、カネあまりの根は深い。いわゆる過剰流動性というものだ。

世界的な過剰流動性のそもそもの発端は、1970年代に発生した2度の石油ショック時に遡る。先進各国中心に巨額のディスインフレ対策予算を投入したところからはじまる。

第一次石油ショックで戦後ずっと1バレル3ドル以下だった原油価格が10〜11ドルに跳ね上がった。そして、第二次石油ショックで30〜33ドルに急騰した。

エネルギー価格はじめ諸物価急騰で、世界経済は強烈な需要減退に襲われた。それで、各国は巨額の景気対策費を投入した。これが世界的な過剰流動性のはじまりとなった。

その後も、通貨下落に端を発したアジア危機やロシア危機、2000年のコンピューター誤作動問題に備えるなどの名目で、大量の流動性供給が続いた。そして、2001年9月の同時多発テロでは世界同時不況を恐れて、米国中心に一層の流動性供給に走った。

世界的な問題が発生するたびに積み上げられていった過剰流動性だが、いつしか各国の金融市場で巨大な存在となっていった。金融取引額も実物経済をはるかに凌駕し、「金融の時代到来」といわれるようにもなった。

いまや金融が実体経済をリードするということで、マネー万能主義が先進国中心に広がっていった。同時併行して、米英両国つまりアングロ・サクソン流の市場経済が世界を席巻することになった。

大きく膨れ上がった金融ビジネスが、一国の経済をも動かすまでになった。英国に至っては、GDPの30％を金融が占めるとまでいわれる。

そんなところへ、2000年代に入って加速的に大きく膨れ上がった世界的な金融バブルが崩壊した。いわゆるリーマンショックだ。先進国中心に100年に一度の危機と震え上がった。

金融バブルを仕掛けた米国の大手投資銀行や、それに踊った欧米の大銀行は軒並み巨額の評価損と不良債権を抱え込んだ。その余波は、ヨーロッパの片田舎の中小銀行にまで及んだ。

このままでは信用が一気に収縮して、企業倒産や大量の失業が発生しかねない。そこで、欧米各国は売るに売れない証券化商品などを大量に抱え込んで大打撃を受けた金融機関を、「大きすぎて潰せない」という論理で救済する方向に舵を切った。日本のバブル崩壊後と、まったく同じ政策だ。すなわち、とにかく銀行や企業を救済しなければという政策を、ＥＵ各国も採用したわけだ。

その結果はどうか？　さしたる成果も見られないまま、ヨーロッパ経済には長期低迷、つまり日本化（ジャパニフィケーション）の懸念が台頭してきている。

米国もやはり金融バブル崩壊の打撃を食らったが、政府当局は金融機関や企業の救済策と併行して、大手銀行に自己資本強化を強く迫った。それが効を奏して業界の再編が進み、結果として米国金融界の復活は早まった。

日本やＥＵの低迷と比べ、米国経済がより元気なのは政府の関与を強めた成果とも言えよう。資金を大量に供給すべしを唱えるマネタリズムの本家である米国が、大手銀行に資本強化を強要したのは、なんとも皮肉である。

コロナ禍がダメ押し

そんなところへ、２０２０年の２月にコロナ問題が襲いかかってきた。世界各国はロックダウンや海外渡航禁止・外出禁止政策を打ち出した。また、学校閉鎖や自宅待機要請などで感染拡大を抑え込もうとしてきた。

各国の国民は外出自粛、自宅待機を余儀なくされた。その結果、世界中の経済活動は蒸発してしまったかのような状態に陥った。

人々の移動が大幅に制限されたことで、経済活動のあちこちで空白状態が発生した。飲食業や観光・旅行業界それに鉄道・航空各社は、顧客需要の激減という直撃を受けた。

各国は失業対策や就業補償から中小企業の資金繰り支援まで、巨額の財政出動を余儀なくされた。事態の深刻化を放置すれば、経済活動が壊滅的打撃を受けてしまう。それを回避しなければと、矢つぎ早の対策費が投入されている。

米国ではコロナ直後の20年4月に失業率14・7％と、戦後最悪を記録した。2300万人もの大量失業に直面し、米政府は大盤振る舞いの財政出動に踏み切った。

とにもかくにもの感染阻止と、一刻も早い経済再建は、なによりも優先される。いまは財政悪化には目をつぶってでも、コロナがもたらした試練を乗り越えなくてはならない。

この緊急事態に対して、世界中が国を挙げて対策を講じるのに、誰もなんの異存もない。なにもせずこのまま放置すると、経済そのものがどんどん縮小していってしまうのだから。それを避けるためにも、カンフル注射を打ち続けるしかない。

それで、各国はタガの外れたような財政出動を続けている。まるで、コロナ問題が免罪符を与えてくれたかのような、各国の財政支出拡大ぶりである。

実のところ、筆者は2020年の初めごろから、金融を緩和し資金を大量に供給すればのマネタリズムは、もう限界に近いと見ていた。行き着く先は、カネあまりバブルの崩壊、そしてお金の価値の低下とインフレ到来である。

そのどちらも、経済のみならず社会に大きな混乱をもたらす。どうせ世界経済や社会に混乱をもたらすのなら、マネタリズムが一刻も早く限界を迎えた方がいい。それでもって、被害を最小限に抑えたいものだ、そう考えていた。

ところが、そこへコロナ問題が降ってきて、さらに大量の資金供給が必要という事態になってしまった。マネタリズムの限界どころか、大量の資金バラ撒き政策の一層の上塗りである。

まさに、コロナ危機が金融バブルの再々膨張にダメを押してくれたわけだ。そのツケは大きい。

各国はタガの外れたような財政支出拡大に走っている

コロナ禍でズタズタにされた経済を立て直すため積極的に財政出動するのはいいが、その資金をどう調達するのか。世界は大きな課題を抱え込んだ。

まずは、先進各国はタガの外れたような規模とスピードで財政出動していることが、財政運営にどれだけ重荷となっているのかを見てみよう。世界最大の経済大国である米国の例で見ると、その深刻さがよく分かる。

日経新聞（2020年10月17日）によれば、米財務省は2020年度の財政赤字が過去最悪の3・1兆ドルになったと発表した。国内総生産（GDP）比では15％程度となり、リーマンショック後の金融危機時の2009年度の9・8％を上回って、第二次世界大戦時の20％台に迫る水準とのこと。

米国の財政の悪化ぶりは、図5－1を見れば一目瞭然である。GDP比で見ると、

【図5-1】米財務赤字は過去最大に

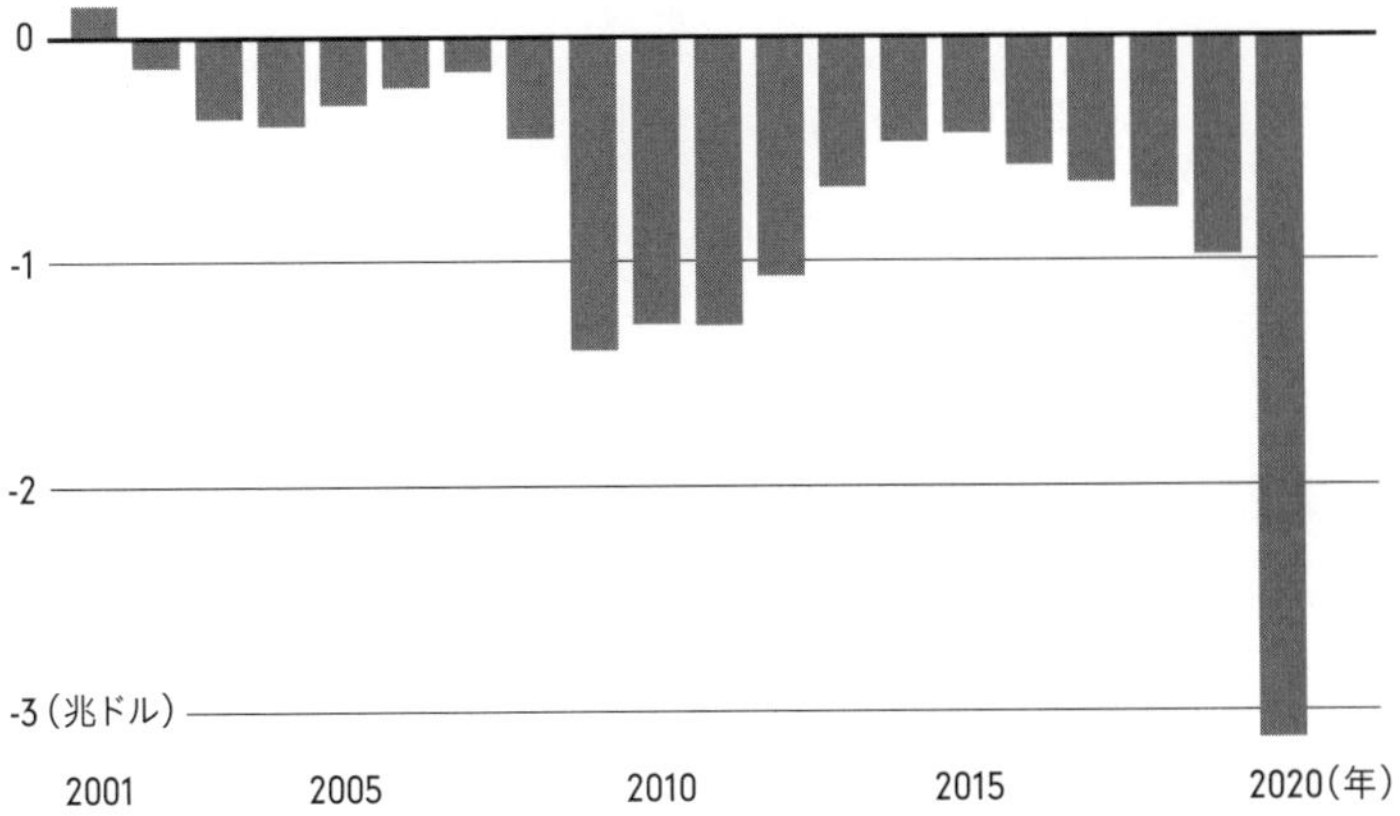

注：各会計年度　出所：米財務省

２０２０年度の急激な悪化は驚愕的である。今後も追加で巨額の財政出動が予測されるので、米国の財政は一段と悪化するだろう。

一方、米国の連邦政府債務は27兆ドル弱に膨らみ、１年で４兆ドルも増えたとのこと。ＧＤＰ比では１２０％を超え、第二次大戦直後の最悪期（１９４６年、１１９％）をも上回ったようだ。（図5-2）

これは、国際通貨基金（ＩＭＦ）が予測する２０２０年の世界平均（98・７％）を大幅に上回る。対ＧＤＰ比で最悪水準を独走する日本（２６６％）やイタリア（１６２％）に次ぐ国家債務レベルである。

基軸通貨であるドルを抱える米国の財政悪化は、国際経済を不安定にさせる大きな要因となり、要警戒である。とはいえ、後述するが先進諸国どこも財政を悪化させており、世界経済全体が波乱模様となってきた。

ＩＭＦ（国際通貨基金）のリポートによると、２０２０年の先進国（日米欧など27カ国）のＧＤＰに対する債務残高の比率は１２８％になるとのこと。これは、第二次世界大戦後の１９４６年に記録した１２４％を上回る、過去最悪の水準となる。新興国もＧＤＰ比で62・８％と過去最高水準となる見込みである。どちらも、ひどい状態となってきた。

世界各国の新型コロナウィルスに対応する経済対策の総額は、12兆ドルを超えて拡大が続いている。（日経新聞２０２０年10月15日）

ＩＭＦの報告書では、２０２０年の世界全体の政府債務が世界の国内総生産（ＧＤＰ、約90兆ドル）に、ほぼ匹敵する規模になると予測している。世界ＧＤＰ比で過去最大の98・７％となるとのことだ。

先進国で見ると、２０２１年の政府債務はＧＤＰ比１２５％と予測されている。これは、第二次世界大戦直後（１９４６年）の１２４％をも上回る高水準である。

【図5-2】米財政は一段と悪化

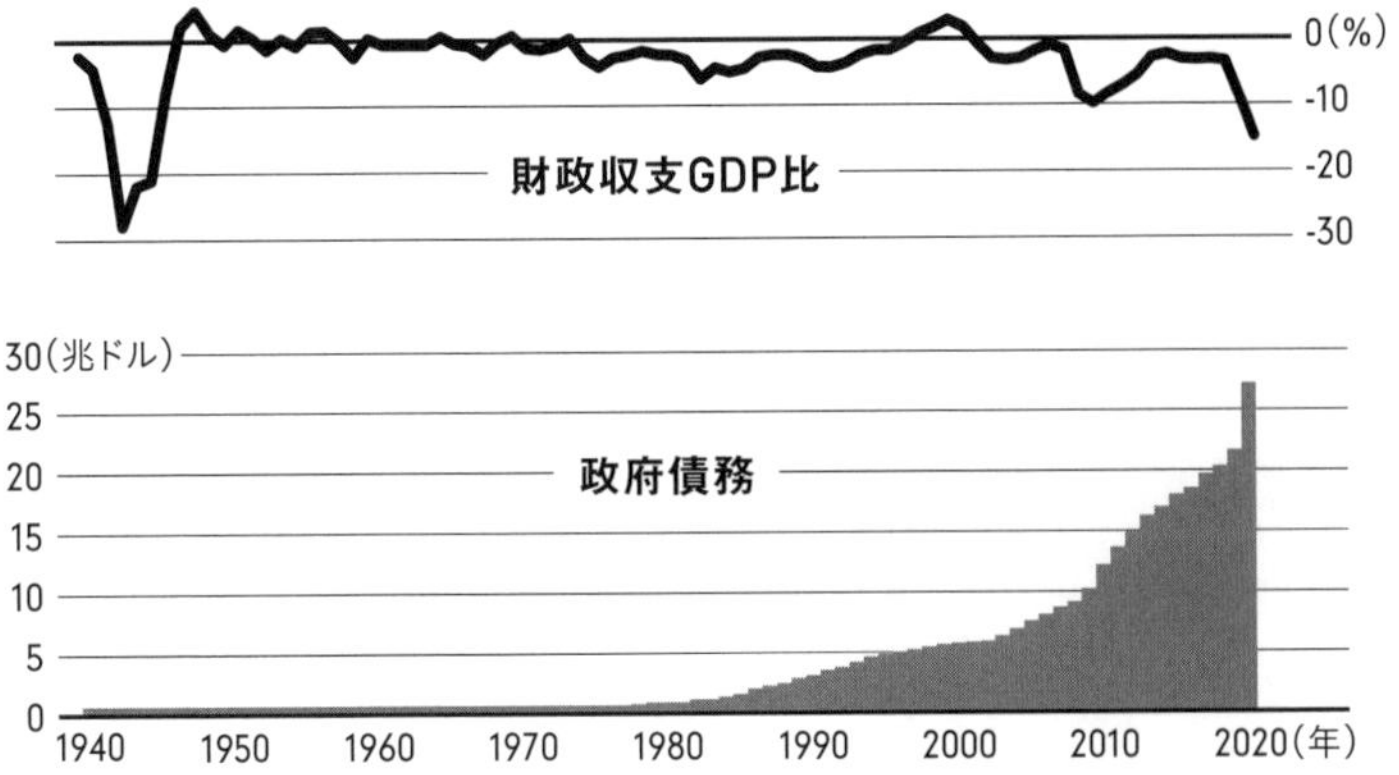

注：会計年度。20年度の財務赤字GDP比は19年1～12月のGDP比で計算
出所：米財務省、米行政管理予算局

１９３３年の世界恐慌時の80％や、２００９年の金融危機直後の89％などを大きく上回る。

読売新聞（２０２０年9月8日）によると、ＧＤＰに対する財政出動（現金給付や減税など）の比率は、米国が12・３％と最も高い。以下、日本（11・３％）、ドイツ（９・４％）、オーストラリア（８・８％）、ブラジル（６・５％）と続く。

日本の財政状況は、もっとひどい

ひどいのは日本も同様である。コロナ発生の前でも、すでに日本は国内総生産（ＧＤＰ）の2年分もの巨額の借金をしていた。その大半は、この30年間に経済活性化資金として投入されてきたものだ。

巨額の借金を積み上げたものの、さして効果はあがっていない。生産性の低さに象徴されるように、日本企業の国際競争力はどんどん落ちている。それをなんとかテコ入れしようということで、国の予算は膨らむ一途の悪循環となってきた。

日銀も国債の買い取りや株式ＥＴＦの購入などで、資金を大量に供給し続けている。その結果、いまや日銀の財務（総資産）は６８３兆円（２０２０年8月末）と、ＧＤＰを1・3倍近くも上まわる異常な規模にまで肥大化してしまった。

ちなみに、米国の中央銀行である連邦準備理事会（ＦＲＢ）もヨーロッパ中央銀行（ＥＣＢ）も、コロナ・パンデミック騒ぎで財務を急拡大させている。それでも、ＧＤＰに対しては、それぞれ30数％と50数％である。それを見ても、日銀の異様さは突出している。

国も日銀もすさまじいまでの資金バラ撒きを続けてきたわけだ。まさに、後先構わずの大盤振る舞いといっていいだろう。

大盤振る舞い？　そう、たとえば１１５９兆円もの国の借金（財務省、２０２０年6月末）だが、一体どうやって減らしていくのだろう？　２０２０年度の当初予算が102兆円、うち税収予定額が62兆円だった。それと比べても、国の借金の重さが理解できよう。

ちなみに、2020年度の予算はコロナ対策費が上乗せされて、160兆円以上に膨れ上がるとのこと。当初予定されていた国債の新規発行額32・5兆円は、第2次補正後には一挙に90・2兆円へと増額された。(財務省、2020年5月27日)

一方、個人や法人の所得税を中心に税収額が減るのは確実で、60兆円を大きく下まわるのは間違いない。となると、2020年度の財政赤字幅は100兆円を超す、とんでもない財政運営となる。

日銀の方も、国債やら株式ETFなどを買いまくっている。GDPの1・3倍近くにまでも財務を膨張させて、なお止まる気配がない。発券銀行の強みで、いくらでも信用創造ができるとはいえ、一体どこまで財務を肥大化させるつもりなのだろう。

ちなみに、すごい勢いで日銀は財務を膨らませているが、その大半は金融機関からの国債買い取りである。購入代金は円紙幣を刷る代わりに、各金融機関に日銀当座預金として積ませている。

それで、日銀のバランスシートの負債勘定には、金融機関による日銀当座預金が積み上がっていく。つまり、日銀の借り入れ勘定がどんどん膨れ上がっているわけだ。紙幣こそ刷っていないが、立派な将来インフレ要因である。

ともあれ、日銀が異常なまでに財務を肥大化させているということは、それだけ通貨つまり円の価値に不安定要因が増すことを意味する。後の章で書くが、債券市場が崩れたりすると、国債を大量保有している日銀は巨額の評価損を抱えることになる。

それはそのまま、円の信用力低下から円の価値下落で、インフレへ直行となる。かりに、債券市場が崩れず国債価格の暴落がなかったとしても、日銀当座預金という負債の著増という形で、将来インフレの種を蒔き続けていると考えていい。

そう、まだ物価上昇となって見えてはこないが、静かにインフレが潜航しているのだ。日銀はそれを先導しているわけで、通貨の番人どころの話ではない。

そうは言うが、インフレなど影も形もないじゃないか？　それどころか、いまはコロナ不況で、ひとつ間違えるとデフレの懸念さえある？　したがって、ここは日銀の積極的な財務拡大は一向に問題ないのでは？

そういっていられるのも、いまのうちだけだ。日本の財政運営も日銀も、数え切れないほどの地雷が埋め込まれた荒野を進んでいるようなもの。どこで地雷を踏んでしまうか知れたものではない。

国債発行の急増と財政ファイナンス

先ほども書いたが、日本の2020年度の財政赤字幅は100兆円を上まわることになろう。とんでもなく巨額の財政赤字となるが、その資金を賄うには国債を増発するしかない。

それどころか、2020年度の税収入は大幅減となるのは間違いない。したがって、実際の新規国債発行額はさらに上乗せとなるのは避けられまい。

おそらく想像を絶するほど巨額の国債発行となろうが、これを誰が買うのだろうか？　銀行や保険会社など民間の金融機関、それに公的年金などは、もうすでに腹一杯の国債保有状態にある。

海外の投資家に買ってもらう？　コロナ禍で財政支出が大幅に拡大しているのは、各国も同様である。どこも、国債の新規発行によって財政の穴埋めをせざるを得ない状況である。海外の機関投資家も日本の国債購入にまわす余裕はそれほどない。たとえ買ってくれたとしても、海外の投資家は経済情勢や金利そして為替動向によって、瞬時に運用方針を変えたりする。買いポジションを一気にゼロにするなど動きが素速く、それだけ日本国債の価格や金利に及ぼす影響は大きくなる。

となると、残るは日銀が購入するしかない。すでに日銀は、887兆円の国債の総発行残高の57％強も保有するに至っている。（財務省、日銀、2020年6月末現在）その保有額が一気に跳ね上がるわけだ。

これまで、日銀は金融機関から国債を買い取るというステップを踏んできた。だが、どこから見ても実質的には財政ファイナンスである。その財政ファイナンスを日銀はさらに加速させるわけで、いよいよ異常な事態となってきた。

コロナ問題が収束し経済が立ち直ってくるまでは、国債の発行増も仕方ないとしよう。だが、国債発行つまり国の借金の著増と、財政ファイナンスへの急傾斜は、大きな問題を引き起こすことになる。

それは、インフレだ。それも強烈なインフレを招き寄せるのは間違いない。この点は第6章で詳述しよう。

金融緩和にブレーキがかからない

資金を大量に供給しさえすればのマネタリズム理論が、最近の30年ほどでますます支配的になってきた。いまや世界経済は金融緩和と大量の資金供給を前提として動いていると言ってよい。

経済はもともと人々の毎日の生活と、それを支える企業活動とで成り立っている。ところが、最近の「マネーが経済を牽引する」という図式からは、「実体経済なんてものは、ほんの一部を構成するにすぎない」ということになる。

実体経済の潤滑油としての役割を果すはずだった金融が、いつの間にか実体経済をも手下として、つき従わせる存在となってしまったのだ。そこでは、経済の大前提である需要と供給のぶつかり合いを超えた価値観が、でんと控えている。

どんな価値観か？「マネーの量がすべて」という価値観だ。マネーさえ十二分に供給されれば、実体経済における需要も供給もつくりだせる。それが、マネタリズムの主張するところである。

最近の世界経済は、このマネタリズム理論でもって動かされている。だから、景気浮揚も経済成長率を高めるにも、すべては「より多くのマネーを供給すべし」という方向で政策発動されるわけだ。

それが、次から次へと金融緩和を上乗せする政策であって、もはやブレーキがかからなくなっている。あたかも、麻薬中毒患者のように、先進国経済はより多くのマネー供給を求めて止まないのだ。

ところで、そういったマネタリズム政策だが、前述したように世界経済の成長発展にほとんど寄与していない。もちろん、世界中でこれだけ大量にマネーを供給し続けているのだから、マネーの上乗せ効果ぐらいは認めるが。

ともあれ、世界経済の健全なる拡大発展に、どれだけ貢献してきたかとなると、大いに疑問である。一方で、各国の債務だけは大きく肥大化してきている。

この30年間、日本経済はずっと低迷の域を抜け出せていない。それに対し、国の借金は1159兆円超にも膨れ上がった。その大半は、なんとも皮肉なことに、個人の預貯金となっている。日銀統計によれば、560兆円も純増しているのだ。

先進国経済を見わたしても、一部の高所得層に富は偏在するばかり。一般生活者の大多数は低所得化の道を進んでいる。デジタル革命が進んでいる結果だという識者もいるが、それだけではあるまい。

世界、とりわけ先進国の経済そのものが弱体化してきていると言えよう。金融マーケットの賑わいとは裏腹に、実体経済のあちこちで停滞と低迷に喘ぐ声が聞こえてくる。社会不満も高まり、ポピュリストなどの台頭が目立ってきている。

これが、マネタリズムの目指してきた経済の姿なのだろうか？　それとも、いよいよマネタリズムの限界が露呈してきたのだろうか？

ひとつだけ、はっきりしていることがある。

マネーの大量供給によって経済はフラフラ歩きを続けている中、金融バブルだけがどんどん醸成されて膨れ上がってきているのだ。そして、そのバブルはもうそれほど遠くない将来に崩壊するだろうということだ。

金融市場でのバブルは膨れ上がる一途

とにかく、マネーを大量に供給すれば経済は発展成長するで、世界はやってきた。しかし、期待したほどには世界経済の拡大発展は見られない。

そのため大量に供給されたマネーは、なかなか経済の現場に浸み込んでいかないし、まともに働いてくれない。むしろ、どんどんあまってくる。行き場を求めるマネーは、なにかの方向で突出したがる。その突出先が、世界の金融市場となっている。

ちなみに、世界の債券市場はこの20年ほど、ずっと天井圏に張りついたままの状態にある。1983年からというもの長期金利は下げ続け、それが世界の債券市場を岩盤となって支えてきたわけだ。

金融の時代といわれるが、それをいみじくも象徴するのが、世界の債券市場の大活況ぶりである。世界中のマネーを吸収する懐の深さから、各国の金融機関や機関投資家が資金運用の柱として債券投資を重視している。

たとえば、世界的なゼロ金利政策や大量の資金供給をいいことに、企業の債券発行などによる資金調達が高水準で推移している。おそろしく巨額の資金調達が相次いでいるが、なんの支障もなく消化されていく。

世界的な金あまりで、金融機関や年金など機関投資家が運用対象に飢えている。それで、超低格付けのジャンク債だろうとなんだろうと、どの債券も発行されるや即座に買われていく始末だ。

その勢いが、マイナス金利国債に17兆ドルを超える資金が買い群がるといった現象をもたらしている。満期償還まで保有しても絶対にプラスとならない、そんな国債投資に1800兆円もの資金が向かっているのだ。とんでもない債券バブルである。

株式市場でのカネあまりバブル買いは、さらにすさまじい。その典型が、米国のナスダック市場やS&P500種平均株価の急上昇ぶりである。コロナ禍お構いなしに、繰り返し史上最高値を更新している。

それも、一部の新興企業や時流に乗って急成長している企業を集中買いしての、相次ぐ最高値更新である。まさに、株価が上がるから買う、買うからまた上がる、上がるからさらに買うの典型的なバブル相場となっている。

やっかいなことに、とんでもないバブル買いが続いているものの、マーケットには不思議なほど過熱感が出てこない。世界中の投資家はじめ市場参加者の多くが、現状のカネあまりはまだまだ続くと踏んでいるからだ。


コロナ禍に喘ぐ世界経済を見るに、世界各国の財政支出の拡大は収まりそうにない。米国の中央銀行にあたるFRB（連邦準備理事会）のジェローム・パウエル議長は、2023年まで金利を上げないと明言している。

ということは、金利上昇の気配が出てくれば、いくらでも米FRBが国債など金融資産を買い入れて、さらなる資金を供給することになる。世界の中央銀行ともいわれる米FRBが、2023年まで金利上昇をさせないと断言しているのだ。

これは、投資家にとって千軍万馬の味方を得たようなもの。いくらでも強気を張れる。なにしろ、長期金利の上昇気配はなにがなんでも抑え込む、資金はいくらでも供給すると米FRBは確約してくれているのだから。

昔から株式市場で語られていることとして、中央銀行とはケンカするなという教えがある。資金を無尽蔵に持っている中央銀行の政策に逆らった投資をしても勝てっこないということだ。

となると、バブル株高はまだまだ続くことになるのか？　あと2年ぐらいは、なんの不安もなく買い増しの投資姿勢を続けられるのだろうか？

おそらく、そうはいかないだろう。現行のバブル相場は、もうそう遠くない将来に崩れ出すことになろう。

バブルが崩れ落ちる時

昔から、「なんとかショック」が暴落相場の引き金となったとされている。1971年8月のニクソン・ショック、1973年10月の第一次石油ショック、1978年末から79年にかけての第二次石油ショック、2008年9月のリーマンショックしかり。

そこで勘違いしてはいけない。暴落は「なんとかショック」がきっかけとなったわけではない。もうその前に、株式相場などが大きく噴き上がり、バブル化していた。あたかも熟柿が木から落ちる寸前のように、株価全般はいつ下がってもいい状態となっていた。

そんなところで、たまたま引き金を引いたような形になったから、「なんとかショック」として、歴史に名を留めているわけだ。要は、その前にずいぶんとバブル高していて、熟柿が木からポトンと落ちる寸前のようになっていたからこその暴落である。

いつの暴落相場でもそうだが、その前に大きく噴き上がっていた。だからこそ、市場が大暴落に転じたと大騒ぎすることになる。相場がそれほど上がっていなければ、ちょっと下げたな程度の認識で終ってしまう。

そう、第一章で草刈が書いているように、米国のＩＴ（情報技術）株中心に株価はすさまじい勢いで買い上げられている。株価はまだまだ上がるぞという熱気とは別に、えらい高値にまで来ているのも事実である。問題は、それを熟柿状態と見るかどうかだ。

ともあれ、ここまでバブル買いの熱気に煽られて、多くの投資家が買って買いまくってきた。はるか高値にまで買い上がってきて、買いのポジションがパンパンに膨れ上がっている。それが現状であるが、さすがに熟柿状態がどこまで保つかは神のみぞ知るところだ。

そんなところへ、ちょっと風が吹いたりすると、はっきり分かる。熟柿がひとつポトリと落ちる。それを合図に、多くの熟柿も相次いでボトボトと落ちだして、柿の木はあっという間に枯木のようになる。これが暴落相場である。

では、その心理はどうか？　いつのバブルでも、はたまた投機相場でもそうだが、高値を追えば追うほど、投資家や市場関係者の間で高値警戒感みたいなものが芽生えてくる。これは人間が持っている、ごく自然なバランス感覚が働くからのこと。

心の奥に高値警戒感が芽生えてきたものの、まだ市場はガンガンの買い熱気に覆われているではないか。「ここで買っても、もうひと儲けできそうだ」といった雰囲気に、どうしても煽られてしまう。そして、そのまま買い参加を続ける。

そうこうしている間に、なにかの加減で相場がストーンと下がったりする。それを見るや、心の奥に潜んでいた高値警戒感が、「やはり、思っていた通りだった」と顔を出してくる。そして、市場全体が「これはマズイ、売りだ」の一色となる。

みなが一斉に売り逃げとなれば、その寸前までの上昇相場は一転して暴落相場と化す。どの投資家も買って買いまくってきたから、大慌ての売り逃げで、すさまじい下げとなる。

こんな展開で、バブル相場は崩れ落ちていく。バブルが膨れ上がれば膨れ上がるほど、いつ落ちてもいい熟柿状態の気配が色濃くなる。そして、どこかで暴落の時を迎えることになる。

きっかけは、なにか？

世界的に、すごい金融バブルが現在進行中なのは間違いない。債券市場はずっと天井圏に張り付いたままだし、株式市場も一部の高成長企業への集中買いが、かなり前からバブル症状を呈している。

では、この金融バブル、いつまで続くのだろう？　崩れだすとしたら、いつ頃だろうか？　そのきっかけは？

正直言って、予測もつかない。もう熟柿状態にあるのは間違いないが、本書を執筆している2020年11月の現在でも、不思議なことにさほど過熱感が湧いてこない。やたらと静かである。

2020年の夏ごろまでのバブル熱気は、どこかへ行ってしまった感がある。かといって、金融バブルがはじけたわけではない。

この静けさ、米大統領選を控えて、株式市場などが様子見を決め込んでいるからなのか？　そうかもしれないという感じだった。

そして、米国の大統領選も終わった。いよいよバブル熱気が再燃するのか？　いまのところ、その気配もない。ただ、不気味なほど静かに株高は続いている。

誰の目にもはっきりしていることは、ずっと続いてきた株高バブルだが、それこそ「世界的なカネあまり」しか、買いの理由はない。そのあたりは、紛れもない事実である。

そう、コロナ禍に喘ぐ世界経済の苦境や、各国の財政赤字急拡大、国債の増発など悪材料が目白押しである。それらファンダメンタルズの悪化状況を考えると、とてもではないがこのまま株式を買い上がる投資環境ではない。

むしろ、高値のうちに利益確定しておくべしだろう。冷静に考えると、そういった投資判断が出てきておかしくない。

ところが、まともな投資判断による売り上がりらしきものが、さっぱり出てこないのだ。どの投資家も、買いポジションを高めたまま、このやたら静かなバブル高値に張りついている。その状態こそが、まさしくバブルである。

ともあれ、バブルはバブル。なにかのきっかけで、熟柿が木から落ちるようにして債券や株式市場でのカネあまりバブルは崩壊の途につく。それは、もうそう遠くはないだろう。

暴落と反発高の壮絶な荒れ相場を経て

このカネあまりバブル相場、もういつ崩れ落ちてもいい。むしろ、早ければ早いほどいい。

いつのバブルも、どこかで必ずはじけ飛ぶ。はじけた後は総売りの暴落症状でマーケットは大混乱をきたす。バブルのように膨れ上がっていた富(と思えたもの)

が、なにもなかったかのように消えてなくなる。

そこからだ、真に価値あるものが輝きだすのは。バブル化していたものが、ことごとくはげ落ちていき、価値あるものだけが残る。

経済や社会にとって本当に必要な企業は、バブル崩落の暴落相場となっても、それなりの存在感を示し続ける。そのかたわらで多くのバブル価値が吹き飛び、バブル企業が消えてなくなるのとは好対照である。

そうなのだ、バブル騒ぎが収まれば、経済や社会にまともな価値観や落ち着きが戻ってくるわけだ。だから、筆者などは現行のカネあまりバブル相場など、一刻も早く終わればいいと言っている。

ただしだ、現行のカネあまりバブルが崩壊しても、一筋縄では終らない。すなわち、それで大半のバブルマネーが泡のように消えて、そのまま経済や社会に落ち着きが戻るとは思えない。

たとえば、バブル崩壊で景気への不安が高まり、各国政府はいろいろ手を打ってくる。また、株価暴落で資産効果が失われるのを嫌って、中央銀行はさらなる資金供給に走ると考えられる。

それに勢いを得て、暴落していた株式市場は一転して反発高に入ることもある。カネあまりのバブル相場崩壊で真っ青になっていた機関投資家も反発高は大歓迎で、猛然と買いに入ってくる。

カネあまりバブル崩壊で、ある程度の売りが出た後だ。そこで買いに入るから、それほどの売りも出ず株価全般は案外と高値まで戻ってしまう。これが急激な反発高だ。

しかし、一度バブルが崩れると、もう元のバブル買い熱気は戻らない。暴落相場で真っ青になった投資家の多くが、反発高で株価が戻ってきたところを、これ幸いと売ってくる。

それで反発高の上値が重くなっていき、どこかで再度ドスーンと下がる。大きな上昇相場がひとたび下げに転じると、必ずこういった展開となる。

唯一の例外は、反発高が強烈で一気に元の高値を凌駕して、さらに上昇していくケースだ。戻り売りを全部こなしての新高値だから、そこから先の上値追いは軽い。これは、めったに見られない現象である。まあ、それも一時的な新高値追いで終わるが。

ともあれ、反発高が息切れして再び下げに転じるや、またぞろ各国の政府中央銀行は株高を期待して、さらなる金融緩和に入る。そこで再度マーケットは反発高となる。

この繰り返しを続けている間に、マーケットつまり投資家全般は各国政府や中央銀行の力の限界を感じはじめる。金融緩和すれどもすれども、マーケットが売り崩されていくとなると、もはや反発高すら出なくなる。

そして、カネあまりバブル相場は本格的な崩れとなっていく。

こんな大暴落となるのだろう

カネあまりバブル相場が崩れ落ちると、世の状況は一変する。株高を目指した各国政府や中央銀行による金融緩和や大量の資金供給の限界が、さらけ出されることになる。

資金さえ大量に供給すればのマネタリズム政策でやってきたことでの唯一の成果（？）が、株価上昇による資産効果だった。その資産効果も一部の富裕層に恩恵が集中するだけで、多くの国民は低所得化に放置されたままだった。

米国などでは、政治家の多くがバブル株高を満喫しており、それが原因で隠れたトランプ支持にまわっていたともいわれている。

ところが、そういった資産効果さえも崩れ落ちたとなるや、各国政府や中央銀行の力そのものが疑わしくなっていく。逆に、大きく膨れ上がった政府債務や中央銀行の財務に対する不安が一気に高まる。

そうなると、いろいろなものが逆回転をはじめる。どんな順番となるかは神のみぞ知るだが、どれもが複雑に絡み合っており、あっという間に横へ連鎖していくことだろう。

コロナ不況でタガが外れたように財政出動を繰り返している。まだまだ膨れ上がっていく政府債務に対し、各国はどう資金を調達するのか？

各国とも国債の大量発行は避けられないが、その購入を中央銀行に頼る財政ファイナンスを、いよいよ本格化するのか？

国債の大量発行に対し、発行金利や市場での長期金利を、一体どこまでゼロ同然に抑えつけていられるのか？

中央銀行の金融資産買い取りによる大量の資金供給で、債券市場の値崩れは抑えられている。だが、そういった力まかせの政策が、いつまで続くものか？

国債をはじめとして積極的な金融資産購入で、財務を異常に膨らませた米ＦＲＢはじめ各国の中央銀行の信用は維持できるのか？

カネあまりバブルの崩落で、多くの企業や金融機関は巨額の評価損や不良債権を抱え込むことになろう。もちろん、住宅ローン担保証券（ＭＢＳ）なども大きくやられる。それは各国の中央銀行に対する信用不安につながらないのか？

ちなみに、米ＦＲＢは米国債を毎月８００億ドルのペースで買い入れている。住宅ローン担保証券は毎月４００億ドルの買い入れペースとなっている。

一方、日銀はすでに株式ＥＴＦを34兆円も買っている。カネあまりバブル相場が崩壊するや、巨額の評価損を抱え込むことになるが、果して日銀の信用は大丈夫なのか？

このように、あちこちで疑問符がつく。それも瞬時に横へ連鎖して広がっていく。世界経済の現場で広範囲に信用不安が高まるのだろう。これが、金融バブルの大崩落である。

実体経済が輝きだすことに

金融バブルの大崩落で、日本はじめ世界経済は大混乱の渦中に叩き落されるのだろう。でも、そこで泡を食うことはない。

大変な事態になったと大騒ぎするのは、カネあまりの金融バブルに踊っていた人たちである。もっとも、株価暴落や債券相場の大崩れなどで、一般生活者にもそれなりの影響は及ぶがそう大したことはない。

米国では国民の投資意識も高い。債券や株式市場の下落で個人消費へのマイナス影響はそれなりに出よう。また、イナゴ投資家たちは吹っ飛んでしまうのだろう。

幸か不幸か、日本の個人は預貯金中心なので、金融バブル崩壊の直接的な影響は限定的だろう。とはいえ、その横からとんでもないパンチが飛んでくる。

そう、困るのはインフレの到来である。将来不安などで預貯金に頼っていた人達が、資産価値の下落に大慌てとなる。年金生活者も、インフレには苦しむ。

そういった混乱は覚悟せざるを得ないだろう。しかし、その横で実体経済は大した影響も食らわずに動き続けていることを人々は再確認することになる。

【図5-3】各国の公的債務残高は過去最高水準に膨らむ見通しだ

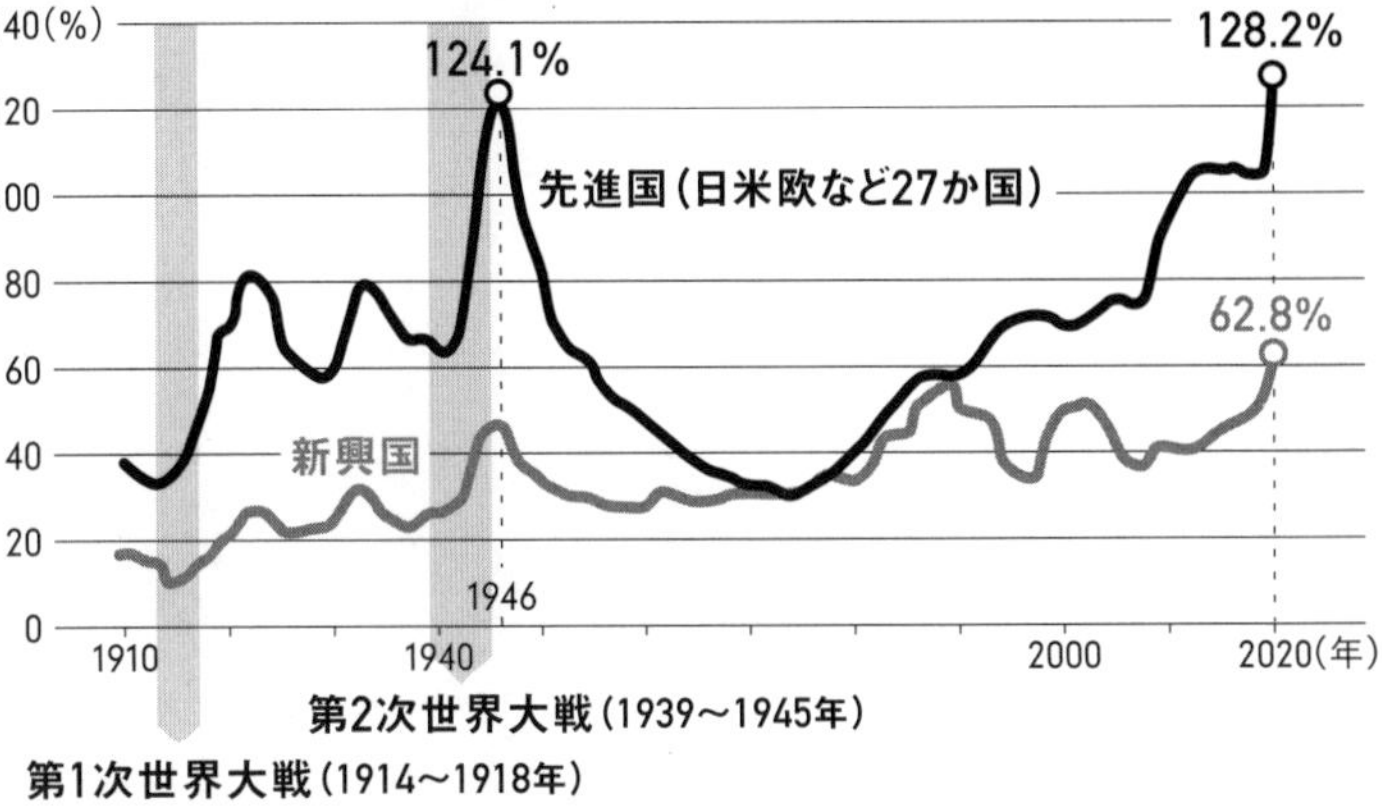

注：国内総生産(GDP)比。国際通貨基金による

カネあまりバブルが崩壊しようが、それでバブル企業や金融機関が評価損や不良債権に苦しもうが、人々の毎日の生活は続いている。人々の生活を支える企業ビジネスも一時として止まることはない。

経済というものは、人々の生活と企業ビジネスとが紙の表裏の関係となって、そのほとんどができている。たとえ金融バブルが大崩落しようと、日本人1億2500万余の人々の生活はなくなりっこない。

世界でみると、現在78億人近い地球上の人口が、2050年の97億人に向って毎日20万人ずつ増加しているのだ（国連人口推計、中央値）。その人たちの生活と、それを支える企業ビジネスは、世界になにが起ころうとずっと続く。たとえ、コロナ感染防止で飲食業や旅行業が打撃を受けたり、リモートワークが定着したりしても、人々の生活そのものは消えてなくなりはしない。

そこに新しい産業やサービスは常に生まれてくる。金融の時代などといわれてきたが、実体経済の存在というか、それが経済そのものであることを再確認する。そこから、新なる金融サービスや投資活動が組み立てられていくことになるのだろう。

そんなわけで、金融バブルの大崩落は早ければ早いほどいい。したがって、いまのうちから実体経済に照準を合わせた長期投資にシフトしておきたいところである。

第六章

インフレは、もうはじまっている

インフレというけれど？

たしかに、世界中どこを見わたしても、インフレの気配など見られない。それどころか、コロナ禍による経済活動の蒸発で、世界経済はマイナス成長に追いやられ、デフレ懸念さえ出ているではないか。

そういった反発を、あちこちで食らう。まして筆者はずっと前から「インフレはやってくるぞ」と主張しているから、まるでオオカミ少年みたいでもある。

それでも、あえて繰り返そう。いや、インフレは必ずやってくるどころか、インフレはもうはじまっていると。

なにしろ、世界中とりわけ先進各国が、これだけ大量に資金をバラ撒いているのだ。大量に供給されたものは、価値が下がり価格も下がる。それが、経済の大原則である。

つまり、お金の価値は間違いなく下がっている。たまたま、現金から他のモノへの資産シフトが発生したり、なにか他の価格が上昇したりはしていない。もちろん、物価も上がっていない。それで、インフレという認識が高まってこないだけのこと。

日本でいえば、この30年間ずっとデフレ現象が続いた。日本経済のジリ貧と長期低迷で、モノの値段が上がるどころか、むしろ下がり気味だった。

それで現金の価値は高めで推移し、年金生活者はじめ高齢者層はデフレ気味の経済を満喫してきた。超低金利政策で、預貯金の利子は年0・1％とか0・01％と、お話にならないほど低かったのに、個人の金融資産における預貯金額は、この30年間で500兆円超も膨れ上がった（日銀速報）。

こんな状態が30年も続けば、日本社会におけるインフレ警戒感など高まるべくもない。先行き物価が上がりそうだ、それを見越して早めに買っておこうといった前倒しの消費も、さっぱり発生しない。それがデフレ現象を長引かせる悪循環ともなってきたわけだ。

世界はといえば、さすがに日本のようなデフレ現象は見られない。それどころか、中国など新興国の高成長は容易に想像がつくとして、米国やEUといった成熟経済国でさえも、この20年間で経済規模を2倍以上にしている。

それだけ成長しているのに、先進諸国はどこも2％インフレの実現を掲げてはいるが、なかなか達成できないでいる。つまり、インフレのイの字も見られないのが現状である。

それどころか原油価格の低迷やら資源価格の下落傾向など、むしろデフレ気味とさえいえる。その象徴が金価格で、20年6月半ばから急上昇に入り、20年8月に入って史上はじめて、1トロイオンス2000ドル台をつけた。ところが、その後は1800ドル台にまで落ちている。

インフレの兆しがすこしでもあれば、金価格はじめプラチナなど貴金属価格が、こんな低位で推移することはないだろう。それほど左様に、世界で見てもインフレ懸念などまったく感じられない。

しかし、世界はインフレの種を蒔き続けている

インフレ懸念がさっぱり出てこない中、先進国中心に資金の大量供給はずっと続いている。そこへ、コロナ禍で各国はタガの外れたような財政出動に踏み切った。その規模は前代未聞の大きさである。

いまはコロナ禍で世界経済はマイナス成長に追い込まれている。これだけ大量に

資金をバラ撒いても、インフレどころか世界経済にはデフレの懸念さえ出てきているのが現状である。

唯一の例外として、世界の金融マーケットがバブル高になっているだけである。世界の債券市場も株式市場もカネあまりバブルで沸き上がっている。

そういった現状を見る限り、インフレなんて遠い世界の話のように映るかもしれない。それでも、インフレは必ずやってくる。そう断言しよう。

われわれ長期投資家は、現状がずっと続くとする固定的な考え方を嫌う。たとえば、コロナ不況で世界経済は低迷気味である。したがって、インフレなど考えられないといった想定だ。

いつも将来に起こり得ること、そしてその可能性を探っている。この章でこれから展開するが、インフレは近いと読む材料はいくらでも出てきている。

まずは、各国の中央銀行が金融資産の無制限買い取りなどで、資金を大量に供給し続けていることだ。前の章でも書いたように、日銀やヨーロッパ中央銀行(ECB)そして米連邦準備理事会(FRB)の財務は急拡大している。

通常、中央銀行の財務（総資産額）は、その国のGDPに対し10%～20%程度の規模である。ところが、2020年夏まででも日銀はGDPの126％近くに、ECBは50％半ばに、FRBは30％半ばにまで財務を膨らませているのだ。

恐ろしいほどの中央銀行の財務肥大化ぶりである。それは同時に、それだけ大量の紙幣を刷っていることになる。つまり、紙幣を大量供給して、各国の通貨の価値をどんどん下げているのだ。

日銀の場合、金融機関からの国債買い入れで、その代金は日銀当座預金という負債勘定となっている。その勘定が異常に膨らんでいるが、これは紙幣を大量に刷っているのと同じことである。

そう、まだこれとはっきりは見えてこないけれど、インフレはもうはじまっているのだ。インフレというと、よく狂乱物価をイメージする。それは、インフレも最終段階に入った最後の2〜3年のことである。

他にも、インフレ到来は必至と読む材料が控えている。

先進各国は国債の大量発行に追いやられる

いま世界の金融市場を賑わせている債券や株式などのバブル高は、いつ大崩れに入ってもおかしくない。いくら世界的なカネあまりが続いているとはいえ、バブルは必ずはじけ飛ぶ。それが歴史の教訓である。

ともあれ、今回のバブルがはじける時は、金融マーケットのみならず世界経済もあちこちで崩落のような大混乱に見舞われよう。それは前章で書いた通りである。ひどいことになるが、どう考えても避けられそうにない。

それだけの条件が揃ってきている。なによりも問題は、先進国中心に財政支出を急拡大していることだ。いまはコロナ禍の緊急事態で、どの国でも財政赤字の拡大はやむを得ない措置とされている。

たしかに、コロナ不況を克服するまでは、財政赤字拡大もやむを得ない。しかし、その資金をどう調達するかは別問題である。

各国とも前代未聞の規模とスピードで財政出動しているが、その資金をどう手当てするのか。いよいよ、これから頭を悩ますことになる。

いくら財政赤字急拡大だと言ったところで、これほどまでに世界経済が悪化している状況下では、大幅増税など望むべくもない。むしろ、コロナ不況による税収減で、国家財政のやりくりがより難しくなってきている。それが先進各国の現状である。

となると、各国とも国債の増発によって財源不足を補うしかない。やっかいなことに、どの国もタガが外れたように財政支出を拡大している。相当に巨額の国債を新規発行することになる。

それが、果たして可能かどうか？ 20年10月15日付けの日経新聞によると、世界各国の政府債務は合計すると、世界経済のGDPに匹敵する規模にまで膨れ上がっているとのこと。とんでもなく巨額の債務残高である。

新興国や途上国の一部では、債務危機の懸念が高まってきている。コロナ不況が長引けば、債務危機問題はどんどん横へ広がっていき、世界経済はガタガタになりかねない。

この事態を打開するには、先進国が自国の財政健全化を目指しつつも、世界各国への支援に手をさしのべるしかない。それには、なんとしても巨額の国債発行を実現させなければならない。

ではコロナ対策を含めて巨額の国債発行を強行するとして、一体誰がそれを引き受けるのか？

いかに世界的な金あまりで、企業が発行する債券などが飛ぶように売れているとはいっても、各国が国債発行で調達しようとしている金額のケタが違う。とてもではないが、世界の金融マーケットでは消化し切れないだろう。

国債の発行金利を引き上げるのか？

それでも金融マーケットで国債発行すると仮定しよう。どうすれば、巨額の国債発行を成功させて、財政赤字を穴埋めすべく資金を調達できるのか？

なにがなんでも巨額の国債発行を強行するとなると、新発国債の発行金利つまりクーポンを、かなり上乗せして投資魅力を高めてやるしかない。それがマーケットのみならず、経済の大原則である。

新発国債の発行金利を引き上げてやらないと、これだけ巨額の国債発行だ、金融市場での消化は難しい。まして、現在のゼロ同然の長期債利回りレベルでは、お話にならない。ある程度の金利を上乗せしてやらないと、誰も新発国債を買う気にならない。

やっかいなことに、国債の大量発行はコロナ不況が終わるまで続くはず。となると、新発国債の発行金利は毎回すこしずつ引き上げを余儀なくされる。

問題は、ここからだ。すこしでも金利引き上げの兆しが出てくるや、世界の債券市場はたちまち大崩れをはじめる。すこしずつ発行金利を引き上げていくなんて悠長な話は通用しない。

その図式は、こうだ。新規発行する国債の売れ行きを良くするためにと、発行金利を引き上げるとしよう。それは、いま国債など債券を大量に保有している投資家にとっては、より魅力的な投資対象の登場となる。

すなわち、いま保有している低利回り国債を売って、より利回りの高い新発国債へ乗り換えようとする投資行動を誘うことになる。この動きは、瞬時に債券市場全般へ広がってしまう。

債券相場は利回り計算で動くものだから、より利回りの高い債券へ乗り換えようとする投資行動は横へ連鎖して、雪崩れ現象となっていく。それは債券価格の次から次への下落、すなわち債券利回りの急騰を引き起こす。

債券価格の下落と債券利回りの急騰？　そう、債券価格とその利回りは、いつも反比例する。債券の売りが相次ぎ価格が下落すると、債券利回りは反比例して上昇しはじめる。

ひとたびこの連鎖がはじまると、債券保有者は一刻も早く手持ちの低利回り債を売って、より高利回りの債券に乗り換えようとしだす。乗り換えの債券売りが、債券利回りを上昇させ、債券利回りの上昇が、次の債券売りを誘う。この悪循環が債券市場でパッと広がっていくのだ。

一度この動きがはじまると、もう誰も止められない。なにしろ、保有している債券を売るのは投資家の自由なのだから。より儲かる方へ資金を向けるのは当然の行動である。

このような市場での債券売りによる債券利回りの上昇を、市場金利の上昇あるいは長期金利の上昇という。つまり、市場での取引金利の上昇であり、いくら政府当局が低金利政策を維持しようとしても、あっという間に蹴散らされる。

長期金利が上昇に転じるや、債券市場は総崩れとなる。先ほども書いたように、いま保有している低利回りの債券を売って、より高利回りの債券に乗り換えようとする動きが、投資家の間で一斉に噴き出る。そうなると、もう止めようがない。一度、債券市場が崩れだすと、長期金利の上昇が、さらなる債券売りを呼ぶ。それが、さらにまた長期金利を押し上げる。その悪循環はどんどん加速していく。そして、債券市場は一直線に下落していく。

40年ぶりの債券投資地獄

世界的に見て、長期金利は1983年以降ずっと下がり続けてきた。それはそのまま、この37年間というもの、世界の債券市場がひたすら高値追いしてきたことを意味する。

ということは、世界中の債券運用者の大半が、37年越しの上昇相場しか知らないわけだ。1970年代から80年代前半にかけての債券市場の暴落など、ほとんどの人は未経験ということになる。

ちょうど、この期間に世界の年金運用が急拡大した。年金の巨額資金によるすさまじい債券買いが、世界の債券市場を大きく押し上げた。それが、1983年からの世界的な長期金利の低下傾向を促進させた、最大の要因と言ってもいい。

主として先進国の間でだが、世界の年金制度は1960年代後半から70年代前半にかけて整備された。それにともなって年金の積立額が急増していき、年金資金は世界の債券市場や株式市場で最大手の買い主体に躍り出た。

世界の年金資金はどんどん積み上がっていく。その資金が債券や株式を片っ端から買っていくのだ。年金資金によるすさまじい買いで、世界の債券価格も株価も上昇に次ぐ上昇となっていった。

それはそのまま、債券の流通利回りを低下させ続けることになった。世界の長期金利の趨勢的な下落トレンドを、強力に下支えしていったわけだ。

世界の株価も同様である。たとえば米国株式市場を代表する、ダウ工業30種平均株価で見るとすさまじい上昇を示している。すなわち、1982年8月から2000年はじめにかけての17年半で、なんと15倍にもなっているのだ。

おもしろいのは、米国経済が2度の石油ショックの後遺症で低迷を続けていた92年の8月までの10年間で、ダウ工業30種平均株価は5・5倍となっていることだ。不況で金利が低下していったこともあるが、年金資金のコンスタントな買い増しが株価上昇に大きく寄与したわけだ。

かくして、世界の債券市場も株式市場も、1983年ごろから今日までずっと上昇トレンドを追い続けることになった。それが、債券投資は安全であるという神話となり、株式投資はインデックス運用の花盛りといった現象をもたらした。

1980年代に入ってからというもの、世界の運用ビジネスは巨大な産業に成長した。その中心的な役割を果したのが、年金資金の増加に次ぐ増加だった。

その年金買いだが、もうそう長くは続かないだろう。年金の制度が整備されているのは先進国が中心である。そして、先進国はどこも高齢化現象が進んでいる。その結果、最近は毎年の年金積立額よりも給付額の方が大きくなってきている。

年金のキャッシュアウトは7~8年前からはじまっており、日本は9年前からだ。これまで積み上げた膨大な年金資産のプールがあるから、まだ年金資産が純減するまでには至っていない。しかし、よほど運用で好成績を残さない限り、いずれは年金資金による債券や株式の売り越しが現実の問題となろう。

ということは、まだ先の話だが、年金の売り越しによる債券価格の下落もあり得るのか？　十分あり得る話である。

ともあれ、世界の債券市場はこの37年間ずっと上昇相場を続けている。そして、いつしか債券投資は安全という思い込みが定着してしまった。

冗談ではない。債券投資は安全どころか、ひとたび債券相場が崩れると、一方通行の激しい下げとなる。そんな修羅場など、世界中のほとんどの債券投資家は未体験である。債券市場の一方通行的な棒下げに直面し、パニック状態に陥ろう。

長期金利が急上昇し世界の債券市場が総崩れとなるや、各国とも国債の増発による財政赤字の穴埋めは、ほぼ不可能となる。同時に、先進各国は現行のゼロ金利政策を放棄させられることになる。

となると、各国の財政運営は一体どうなるのか？

長期金利が上昇しだすや、財政運営はお手上げ

債券市場が崩れ長期金利が上昇に転じると、債務国の財政運営は塗炭の苦しみを味わうことになる。なにしろ、新しく発行する国債の金利が上がるのだ。それだけ

財政運営の負担が重くなる。

現状のゼロ金利政策が続く間は、新発国債の発行金利はなきに等しい。つまり、金利コストをほとんど意識することなく、新規の国債を発行できる。

ところが、長期金利が上昇に転じるや、新発国債の金利コストはズッシリと重くなる。それだけではない。満期償還を迎える国債の借り換え分も、発行金利上昇の荒波をもろにかぶる。

実のところ、満期国債の借り替え分は意外と大きな額となっている。日本で見ると、2020年度は新規国債が当初予算の32兆5500億円が、二次補正後では90兆1500億円に増加したが、借換債は107兆9800億円のままである。（財務省2020年5月27日）

合計すると、198兆1400億円の国債発行となる。いまはゼロ同然の金利水準だから、金利負担はないに等しい。しかし、金利がたとえば2%に上がると、年間の金利コストは3兆9600億円となる。実に巨額の財政負担となる。

ということは、長期金利の上昇がはじまるや、債務国の金利負担は新規発行分と借り替え分を合わせると、あっという間に重いものになる。財政当局からすると、その事態はなにがなんでも避けたいところだ。

裏を返すと、日銀がしゃにむに国債を買い取っているのも、政策当局の強い意向を汲み取ってのこととも言えよう。長期金利の上昇はなんとしても回避したいという意向だ。

打つ手は財政ファイナンスしかない？

では、あくまでもゼロ金利政策を維持するのか？　そのためには、中央銀行に大量増発する国債を引き受けさせることにするのか？　それは、どこの国でも法律で禁じられている財政ファイナンスに手をつけることを意味する。

日銀は、かなり前から民間金融機関が引き受けた国債を買い取る形で、事実上の財政ファイナンスに踏み切っている。米国のパウエルＦＲＢ議長も、２０２０年の夏ごろから財政ファイナンスに言及しだしている。

各国は財政赤字急拡大で、それを賄うには財政ファイナンスもやむを得ないといった方向へ傾斜しつつある。この流れは、どうやら世界中へ伝播していくのだろう。

そして、ブレーキのかからない暴走となってしまう。

どういうことか？　もともと国債を発行することは、将来にツケをまわす国の借金である。そのツケは、発行された国債が満期償還を迎えるまで支払い続ける金利と償還元本の合計である。

では、ツケを支払うための原資はどこから調達するのか？　主として税収入から賄うことになる。そう、将来の税収入を当て込んで、国は国債発行という借金をするわけだ。

そういった国の借金である国債を、民間の金融機関が運用対象として喜んで購入している間は、なんの問題もない。なぜなら、民間の金融機関が国債の満期償還は当然として、国の財政運営状況なども安心できると計算した上で、資金運用の一環として国債を購入するわけだ。

もちろん、その計算の中には国債を保有している間に得られる利金収入も考慮してのこと。それが国債投資の利回り計算であり、前項で書いたように、市場金利の上昇に対しては敏感な反応を示すことになる。

したがって、長期金利が急騰し、国債はじめ債券価格が一直線の下落をしだすや、状況は一転する。民間の金融機関は国債購入どころか、損失回避の売りを急ぐことになる。

これから、さらに多額の国債を大量に発行せざるを得ない各国にとっては、そのような事態は絶対に避けたい。国債相場の急落すなわち長期金利の上昇を招くことなく、大量の国債発行で財政赤字の穴埋めをしたい。

どうするか？　最後の手段として、中央銀行に国債の新規発行を引き受けてもらうしかない。つまり、財政ファイナンスという道へ踏み込んでいくことになる。

一度、財政ファイナンスの方向へ舵を切ってしまったが最後、恐ろしい悪循環がはじまる。

ハイパーインフレへ一直線

世界各国が財政赤字を埋めるために国債を増発する。それを引き受けさせるため、中央銀行を動員して財政ファイナンスへ踏み込みはじめると危険である。

民間の金融機関が国債発行を引き受けている間は、運用対象としての収支計算が働く。つまり、経済的に見合うかどうかの計算が前面に出てくる。

ところが中央銀行が引き受けるとなると、経済計算よりも政治的判断が優先される。いまであれば、コロナ禍に喘ぐ経済的弱者や中小事業者の救済がなによりも先だとする政治判断だ。現に、各国政府は、前代未聞の規模とスピードで財政支出を拡大しているではないか。

経済的な収支計算は後まわしで国債を大量発行し、それを中央銀行が引き受けるとなるや、もうブレーキがかからない。なにしろ経済計算は抜きで突っ走る政治判断、そしてその裏の世論に引きずられて、中央銀行は際限なく国債の増発を引き受けることになるのだから。

それはそのまま、中央銀行に紙幣を刷りまくらせて、財務を急膨張させることになる。それも、ブレーキのかからない状態でだ。わが日本では、もうその悪循環に陥ってしまっている。

通貨の番人である中央銀行が歯止めのかからないまま紙幣を刷りまくるとなると、お金の価値はどんどん下がっていく。歴史上、幾度となく繰り返されてきた、ハイパーインフレの再来だ。

まあ、ハイパーインフレまで行く前に、どこかで突然インフレの火は点灯するのだろう。なにしろ、これだけ長いこと紙幣の刷りまくりで、お金の価値は下がり続けているのだから。

たしかに、いまはインフレの影も形も見えない。だが、ある日突然にインフレが燃え広がりだしたと、世の中の人々は騒ぎはじめることになろう。

当初はインフレの兆しぐらいに看過していたものが、これは本物だとなってくるや、世界の債券市場は下落に転じる。それは、債券の流通利回りすなわち長期金利の上昇となり、市場取引全般での金利上昇を招くことになる。

そもそも紙幣の刷りまくりで、お金の価値が下がっているのは誰もが感じていた。それがインフレとなって表面化してきたのだから。お金を受け取る方は価値の下落分だけ、金利の上乗せを要求する。

つまり、債券市場においても金利の上昇を促すわけで、低利回り債券の売りを招くことになる。それを市場金利の上昇という。長期金利の上昇だ。

インフレの火が燃え広がり、市場での取引金利の上昇から債券価格が下落に転じるや、財政ファイナンスを手伝ってきた各国の中央銀行は、多額の評価損で財務が急悪化、そしてボロボロ状態となる。それは、そのままハイパーインフレに油を注ぐことになる。

ハイパーインフレ下、世界の金融マーケット、そして各国の経済は収拾のつかない大混乱に陥ろう。それが、世界的な金融バブルの大崩落にとどめをさすことになる。

どんな大混乱が待っているのか？

米ドルはじめ各国の通貨価値の下落が加速

これだけ先進国の中央銀行が資金を大量に供給して、財務を肥大化させているのだ。それだけ紙幣を大量に刷っていることになり、お金の価値は間違いなく下がっている。

そこへ、先にも書いたように金融バブルが崩壊し、債券市場が崩れだしたら、もう目もあてられない事態となる。各中央銀行がたっぷりと買い仕込んできた国債はじめ金融資産が、巨額の評価損を計上する状況に追い込まれる。

中央銀行が巨額の評価損を抱え込むということは、それだけ通貨発券銀行の信用力の劣化を意味する。つまり、お金の価値を大きく下げることになる。

その時は、経理基準を取得コストをベースとした簿価会計に切り替えればいい？

そうすれば、たとえ国債など保有債券の価格が大きく下げても、時価評価しないから中央銀行の財務悪化は表面化しない？

そんな、まやかしは通用しない。通貨の番人である中央銀行が、ボロボロの価格となった国債など債券をたっぷりと抱えている。もうその事実だけで、通貨の価値は一気に下がる。

日銀に至っては、もっと悲惨である。すでに日銀は国債の総発行残高の過半、つまり57％も買い持ちしている。そして、株式ＥＴＦの保有額も34兆円強となっている。それらのいずれも、大きく値下がりするのだ。

とりわけ、株式ＥＴＦへの投資では時価評価しかないから、金融バブル崩落で大幅に値下がりした株式資産を大量保有している状況が白日の下にさらされる。それは、円紙幣の信用力失墜に直結する。

先進各国中央銀行の財務肥大化と巨額の評価損が表面化してくれば、もはや各国の通貨価値の下落を疑う人はいまい。お金の価値が下がれば、現金を手放して、なにか他のものにシフトさせておこうとする動きが高まって当然である。

いよいよ、現金からモノへの資産シフト、つまり本格的なインフレが姿を現すことになる。それと、米ドルはじめ先進国通貨が枕を並べて下落するという、かつてなかった新現象も見られよう。

先進国はコロナ不況で、前代未聞の規模とスピードで財政出動し、それを賄うべく巨額の国債発行を余儀なくされている。その先では、財政ファイナンス、長期金利の上昇、インフレ、それに通貨価値の下落等々、なんでもありといった展開が避けられない。

状況はどの国も同様である。となると、米ドルはじめユーロや円の価値下落で、世界の為替市場の図絵が一変しよう。米ドル、ユーロ、円など先進国通貨がこぞって売られるとなると、新興国通貨が高くなっていくはずである。

その場合、中国の元やロシアのルーブルが高くなるのか？　あるいは、他の新興国の通貨が買われるのか？

もし、そのような展開となってくると、多額のドル債務を抱えている国は、米ドル安の分だけ支払い負担が軽減される。反面、自国の通貨高で輸出は大きく落ち込み、それが新興国の通貨安を招くことにもなりえる。

となると、世界中の通貨は押し並べて下落傾向となり、ますますインフレの火を燃え上がらせることになる。

第七章

世界経済は大荒れに向かう

「……だったはずなのに」が通用しない

世界経済のあちこちで、「これまでは、……だったはずなのに」が、さっぱり通用しない状況となってきた。それは、古い価値観が崩れ去っているだけのことなのだろうか？

最近マスコミなどではニューパラダイムとかで、新時代の到来をこれでもかこれでもかと取り上げてくれる。そのシフトが進んでいるのかもしれない。つまり、世の中が劇的に変わってしまおうとしているのか。

また、ネット時代の進展や社会のデジタル化が進み、これまでの価値観ではとても対応できない。そう主張する識者も多い。

本当に、そうなんだろうか？　ネットやデジタル社会ともなれば、世の中の価値観が根こそぎ変わってしまうのか？

第七章では、そのあたりに焦点をあててみたい。それも、小難しい話は抜きだ。一般生活者として合点がいく範囲で考えてみよう。

経済なんてものは、人々の毎日の生活とそれを支える企業活動とが合わさって、日々でき上がっていくだけのこと。いくらデジタル社会となっていっても、人々が飲んだり食べたり着たりする毎日の生活がなくなってしまうわけがない。

その上、地球の人口は2050年の97億人に向かって、毎日20万人ずつ増えていくのだ（国連人口推計中央値）。どんどん増えていく人々が、食べたり着たりする需要は、デジタル社会だろうとなんだろうとお構いなしに拡大していく。

増え続ける需要に応えるべく、企業の生産供給活動はますます増強を迫られる。すごいビジネスチャンスであり、それに乗らない企業経営などあり得ない。

これら経済のベースをなす部分は、そうそう変わらない。経済の表層部分で新しい変化が現在進行中だとしても、世界中の人々の生活に浸透していくまでには、それなりの時間がかかる。

したがって、ニューパラダイムとかを追いかけまわして、浮わついた行動をするのは考えものである。それよりも一般常識で考えて行動するぐらいでちょうどいい。

ともあれ、この章ではいわゆる世の中の常識という判断尺度で、「……だったはずなのに」が、どう通用しなくなったのかを見てみよう。本当にそうなのかを、ひとつずつ洗い出してみるのだ。

インフレとなっても、おかしくないのに

トップバッターは、前章の延長線となるが、インフレの可能性についてだ。先進国中心にすさまじい規模とスピードで、お金をバラ撒いている。それなのに、インフレのイの字も見られない。

普通に考えれば、これだけ大量にバラ撒いているのだから、お金の価値は相当に下がっているはず。なのに、人々は現金保有になんの不安も抱かないでいる。

なにか他の資産で、まともに価値あると思われるものに現金をシフトさせようともしない。それどころか、バブル高している株価を追いかけまわすマネーゲームに、どっぷりと浸っている。

個人投資家も機関投資家も株価上昇による評価益、つまり「どれだけ、お金が殖えているか」で喜々としている。お金の価値が下がっているというのに、保有株式の評価額が増えたと喜んでいるのだ。

普通は、お金の価値が下がっているのなら、たとえば金とか貴金属に現金保有からシフトさせておこうとするはず。つまり、資産価値の保全に走ろうとする行動が

発生して当然である。そうしないと、資産防衛ができない。

ところが、世界中の人々は相変わらず、現預金を抱えたままで良しとしているではないか。大量に資金がバラ撒き続けられているのに、お金の価値の低下を認めようとせず安穏としているのだ。

ということは、経済の大原則を完全に無視していることになる。すなわち、大量に供給されたものは価値が下がり、価格も下がるのは当たり前のこと。その大原則を無視して、人々は現金を大事に抱え込んだままでいるのだ。

いにしえの昔から、経済活動は需要と供給のバランスで成り立ってきたはず。それが、まったく別の価値体系で動く世の中になってしまったのだろうか？　では、別の価値体系とは一体どんなものなのか？

まあ新しい価値体系とやらを詮索するよりも、人間社会のことだ、普通に考えてどっしりと行動するに限る。普通に考えたら、たまたま今はまだインフレの気配も感じられないから、人々は現金のままでのんびりとしているだけのこと。

それに、このコロナ不況だ。デフレ懸念さえささやかれている中で、人々はこの苦境を乗り切ることに精一杯の状態にある。とてもではないが、インフレ警戒感など高まる気配にない。

そうは言うものの、なにかの加減でいずれかの物価が上がりはじめたら、状況は一変する。価値の下がっている現金から、そちらへの資産シフトはたちまち噴き出そう。インフレのはじまりは、いつもそういった展開となる。

繰り返す。これだけ大量に資金が供給され続けているのだ。お金の価値がどんどん下がっているのは間違いない。つまり、インフレの方向に世界経済はひた走っているのは否定しようがないだろう。

そう、インフレのマグマは溜まりに溜まっているはず。そして、マグマはいつか大きく爆発することになる。その時は、悪性インフレからハイパーインフレも避けられないのではなかろうか。

資金を大量に供給すればのマネタリズムだが

これは本書の主要テーマであるが、資金さえ大量に供給すれば経済は成長すると唱えるマネタリズムは、その限界をさらけ出してきた。なのに、世界各国の政策当局はマネタリズム政策をどんどん深堀りしているのだ。

このまま突っ走って、どんな採算があるというのだろう？　一体、どういった見通しを持ってのことか？

実際のところ、いくら大量に資金を供給しても、世界経済とりわけ先進国の経済はさっぱり成長力を高めてくれない。また、景況感を醸しだすのには、名目成長率を引き上げるに限る。それには2％インフレが目標だとされてきたが、一度たりとも物価上昇率は2％に到達していないではないか。

逆に、際限ない金融緩和と大量の資金供給が、世界の金融マーケットを天文学的な規模にまで膨張させた。債券市場では各国政府や企業による大量の債券の新規発行を軽々と消化しつつ、なおも相場は天井圏に張りついたままである。

それどころか、マイナス金利国債に17兆ドルもの資金が買い群る異様さである。満期償還まで保有しても絶対にプラスとならないような国債投資に、世界中の金融機関や機関投資家マネーが買い群っているのだ。一体どうやって運用責任を果すのか？

世界の株式市場もカネあまりバブル高に沸いている。とりわけ、ＧＡＦＡＭやテスラといった高成長企業への集中買いは、すさまじいの一言である。

歴史をひもとくと、1960年後半から70年代はじめにかけて、米国ではニフティ・フィフティ相場が沸騰した。まさに、最近のGAFAM相場はあの当時の熱狂の再現である。

ニフティ・フィフティ相場では、「新しい時代の到来だ。それを先取りしている新興の50社が、これからの主役である」と、米国株式市場で大騒ぎされた。その流れに乗って、くだんの50社の株式は、天文学的な高値にまで買い上げられた。

しかし、その熱狂はお祭り騒ぎの間だけだった。宴の後では、バブル投機に踊り狂った投資家たちに悲惨な結果を残した。

ニフティ・フィフティ相場で米株式市場は大いに沸いたが、その熱狂は大暴落で終わった。あの当時、新しい時代を象徴する成長株ということで大人気を博したはずの50社だったが、現存しているのは22社にすぎない。(図7-1)

いま大騒ぎされているGAFAMやテスラ社などを含め、新興企業の一体どれだけが10年後20年後に生き残っているだろうか。興味しんしんである。

【図7-1】ニフティ・フィフティ50社で生き残っている企業は

○ いまも存続　△ 他社と合併　× 破産ないし買収された

1	American Express	○
2	American Home Products	×
3	American Hospital Supply Corporation	×
4	AMP Inc.	×
5	Avon Products	×
6	Baxter International	○
7	Black & Decker	△
8	Burroughs Corporation	△
9	Bristol-Myers	△
10	Anheuser-Busch	×
11	Chesebrough-Ponds	×
12	The Coca-Cola Company	○
13	Digital Equipment Corporation	×
14	The Walt Disney Company	○
15	Dow Chemical	○
16	Emery Air Freight	×
17	Eastman Kodak	×
18	First National City Bank	○
19	General Electric	○
20	Gillette	×
21	Halliburton	○
22	Heublein Inc.	×
23	IBM	○
24	International Flavors and Fragrances	○
25	International Telephone and Telegraph	×
26	J.C. Penny	×
27	Johnson & Johnson	○
28	S.S.Kresge	×
29	Louisiana Land & Exploration	×
30	Eli Lilly and Company	○
31	Lubrizol	×
32	McDonald's	○
33	MGIC Investment Corporation	×
34	Minnesota Mining and Manufacturing (3M)	○
35	Phillip Morris Cos.	○
36	Merck & Co.	○
37	PepsiCo	○
38	Pfizer	○
39	Procter & Gamble	○
40	Polaroid	×
41	Revlon	×
42	Sears, Roebuck and Company	×
43	Schering Plough	×
44	Schlumberger	○
45	Joseph Schlitz Brewing Company	×
46	Squibb	△
47	Simplicity Pattern	×
48	Texas Instruments	○
49	Upjohn	△
50	Xerox	○

出所：http://economics-files.pomona.edu/GarySmith/Nifty50/Nifty50.html

ともあれ、マネタリズム政策が金融マーケットをバブル活況させているものの、それが経済や社会に大きなひずみをもたらしている。どんなひずみか?

マネタリズム政策の唯一の成果(?)として、債券高・株高による資産効果が挙げられる。だが、それは高所得層の懐をますます潤しただけというひずみだ。

米連邦準備理事会(FRB)によると、所得上位1%の世帯が米国の株式・投資信託資産の52%(4~6月)を保有しているという。この割合は過去30年で最高水準だとのこと。図7-2を見てもらいたい。(日経新聞2020年10月22日)

おそろしいほどの富の偏在ぶりである。その裏で、低所得層はどんどん広がっている。さらには、良きアメリカを象徴していたはずの中産階級は没落していくばかり。そう、中産階級という表現は、いまや死語になりかかっているのだ。

逆に、これだけ富の偏在化と社会的格差が拡大すると、経済も社会も不安定度を増すのは避けられない。それに対し、米国などでは社会の分断と偏狂なポピュリズムが台頭し、米国第一主義とかの声がやたら高まっている。

経済を成長させてくれるはずのマネタリズムが、貧富の格差を拡大させるばかりか、社会不安を増長させているのだ。世界経済にとってはなんとも危ない方向だと

【図7-2】所得上位1%の世帯が保有する株式・投信資産の比率

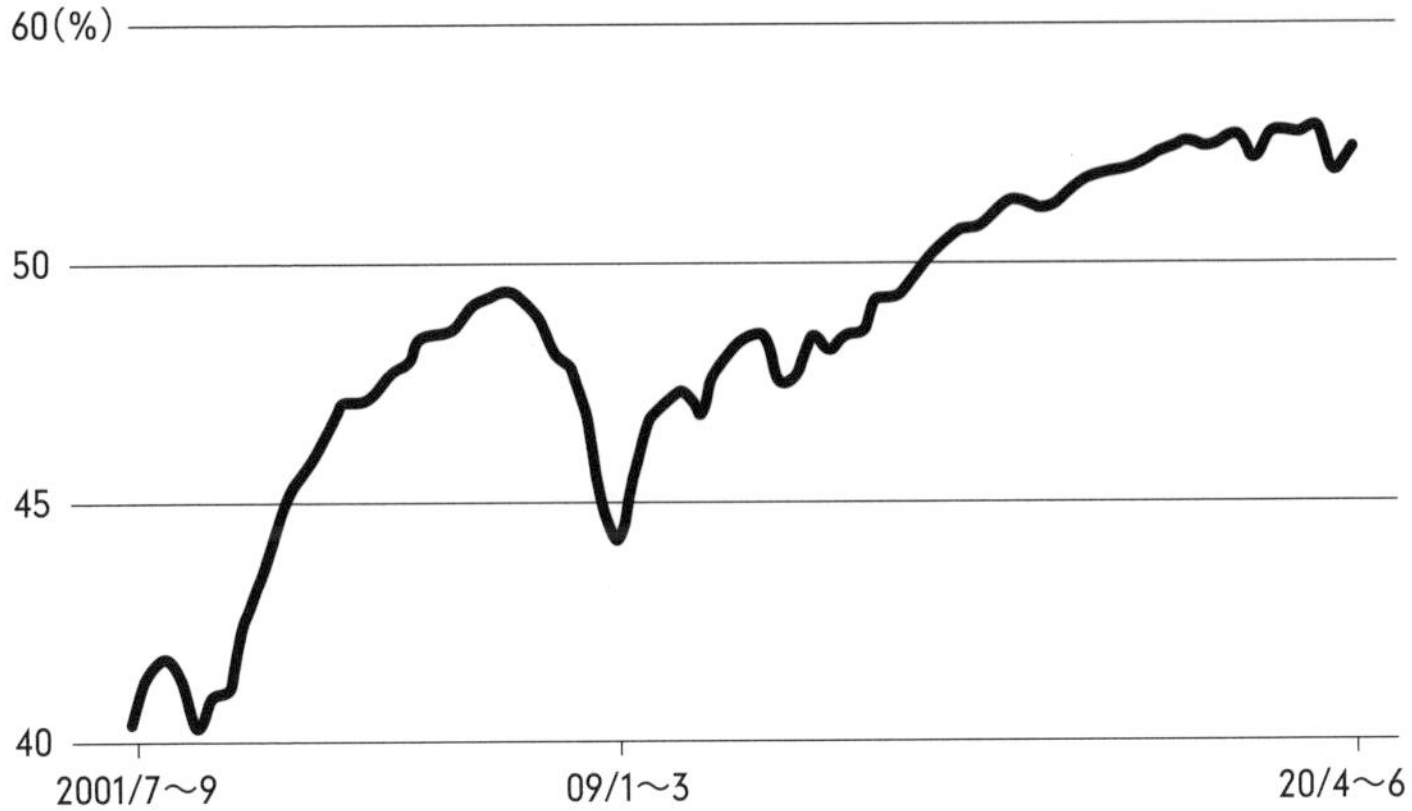

出所：米連邦準備理事会

思うがいかがか。

ヘリコプターマネーとMMT理論

発表された当初はほとんど一笑に付されていたが、徐々に説得力らしきものを持ちはじめている。それが、ヘリコプターマネーであり、MMT理論（Modern Monetary Theory）である。

ヘリコプターで上空から紙幣をバラ撒いてやれば、それを手にした人たちは消費に向かうだろう。それでもって個人消費を押し上げることで、経済活動は活発化するし景気も良くなるという考えだ。

紙幣をバラ撒くとして、その対象は低

所得層に限定するのか、社会全般に対してなのかは、ヘリコプターマネーを主張する人によって異なる。昔からある生活保護給付とかとは別のものとして、新たに出てきた経済活性化案だが、さてどんなものなのか?

常識的に考えると、ヘリコプターマネーにはどうも違和感を感じる。そもそも、お金をバラ撒けばいいというが、バラ撒く紙幣は一体どこから調達するのだろう?

その点、ヘリコプターマネー論者は、おそろしく気楽なことを言っている。彼らの論法は、こんな感じだ。

お金をバラ撒いてやれば、それが消費につながって景気は良くなる。景気が良くなれば、税収が増える。だから、ヘリコプターマネーの原資はいくらでも再生産され、いくらでも紙幣をバラ撒けるという。

本当に、そう上手くいくものだろうか? 第一、ヘリコプターからバラ撒いた紙幣が消費に向かわなかったら、なんの意味もない。預貯金として貯め込まれたら、経済は動かない。それこそ、日本の失われた30年の再現である。

仮にヘリコプターマネー策が上手くいって、その循環が定着しだしたら、社会はどうなるだろうか? もう誰も働かなくなるのは目に見えている。日頃ずっと遊んでいて、ヘリコプターから紙幣が舞い落ちてくるのを待つだけでいいなんて、どう考えても理解に苦しむ。

現に、お金をバラ撒けば経済成長すると唱えるマネタリズム理論は、なんの効果も見せていないではないか。その延長線上にあると考えられるヘリコプターマネーが、どれほど経済活動を高められるというのか？

ＭＭＴ理論も、本当かと疑ってしまう。この新理論（？）は、インフレを引き起こさない限り、国債発行などで国の借金をいくら積み上げても構わないというものだ。

前の章でも書いたように、先進国はどこも巨額の財政赤字でますますの国債発行に頼らざるを得なくなっている。それも、中央銀行による財政ファイナンスという禁じ手を、いよいよ本格化させる方向で。

それは悪性インフレへ直行の道である。野放図に財政を膨らませ、その穴埋めを中央銀行による紙幣の増刷に頼る。この悪循環は、お金の価値の低下をどんどん加速させ、そのまま悪性インフレを引き起こす。それが歴史の教訓である。

かりに、ＭＭＴ論者が唱えるように、インフレを引き起こさなければ、国はいくらでも借金を増やせる。それでなにも問題ないとしよう。

それって、すごい論理矛盾ではなかろうか？　インフレを引き起こさない限りとは、デフレ状況が続くか経済活動が低調なままに留まることを意味する。つまり、景気はちっとも良くならないのだ。では、何のための国の借金なのだろう？

おそらく、ＭＭＴ論者は無制限ともいえる国債発行に対し、金融マーケットでの消化を意図しているのだろう。インフレを引き起こさない限りというのは、市場金利つまり長期金利が上昇しないという想定である。

長期金利が上昇しないという前提が置けるのは、世界的な金融緩和がこのまま続き、各国の中央銀行が資金をジャブジャブに供給し続けるということだ。

さすれば、カネあまりで運用先に苦しむ世界の金融機関や機関投資家が競って新発国債を買い求めにくるはず。だから、国債はいくらでも発行できるという筋書きなのだろう。

彼らの論理は、マーケットというものを完全に無視している。たしかに、各国が国債を増発しなければならないのは、景気を浮揚させるためのもの。財政の悪化も政府債務増加も、コロナ禍で経済活動が低迷し税収入が大幅に不足しているからだ。

だからといって、市場での取引金利すなわち長期金利が低いままで、マーケットがいつまでもおとなしく新発国債を消化し続ける保証はない。

いくら政策的な金あまりを続けるぞと宣言しても、金融機関や機関投資家の間で、膨らみ続ける国債の大量保有に対するリスク意識が高まってくるのは避けようがない。

どこかで、なにかの加減で、抱え込みすぎた保有国債を手放そうとする動きが出はじめた瞬間、ＭＭＴ論者の主張は木っ端みじんに吹き飛ぶ。それは、第五章に書いた通りだ。

それならばと、国債の増発を各国の中央銀行に引き受けさせる、財政ファイナンスという禁じ手に走るのか？　それは、歴史が証明するように悪性インフレへ一直線の道となる。長期金利はたちまち急上昇に転じる。

こう考えてくると、ＭＭＴ理論なるものが果たしてどこまで真っ当なものか疑わしくなる。金融緩和と資金の大量供給を唱えるマネタリズムを深堀りし続けてきた、この40年間のあだ花とさえ思えてしまう。

ひとつだけ、はっきりしていることがある。ヘリコプターマネーもMMT理論も、為政者からすると飛びつきたくなるような考え方である。金融緩和し資金を大量に供給すればのマネタリズム理論と同じで、議会での論戦を経なくても手軽に打てる経済政策（？）なのだから。

景気が良くなり経済活動が活発化すれば、税収も高まり国の債務も減っていく。それまでは、ヘリコプターマネーだろうとMMT理論だろうと、なんでも積極的に活用するのを厭わない。なんとも安直な政策発想である。

なんでもかんでも金融緩和と資金を大量供給すれば良しとするマネタリズムの弊害を、そろそろ真剣に考えてみる必要があるだろう。その弊害とは？

政府債務の著増と低成長、どう対処するのか？

コロナ禍で世界各国は前代未聞の規模とスピードで財政出動している。その結果、各国の政府債務は際限なく膨れ上がり、過去最悪の水準を更新し続けている。

本書を執筆中の2020年11月時点においても、世界はさらなる財政出動に踏み切る方向にある。コロナ不況がまだまだ続くとして、各国は積み上がる一途の政府債務と財政赤字をどう解消していくのだろうか？　その方策を考えているのか？

いまは、そんなこと後まわしだ。経済活動の蒸発を防ぎ、人々の生活を立て直すのが先決である。たしかに、その通り。

しかし、いずれ直面せざるを得ないのが、政府債務の返済である。大盤振る舞いするのはいいが、その後をどうするのかは大きな問題である。

国の借金を減らすにも、財政赤字幅を縮小させるにも、採るべき方法は国の歳入増加を図る、つまり税収入を増やすしかない。そして税収増につながるのが、経済成長率を高めることだ。

ところが、本書で繰り返し指摘しているように、ずっとマネタリズム理論でやってきたが、各国の成長率は一向に高まらなかった。それどころか、幾度となく積み重ねてきた景気浮揚策で、先進各国の政府債務は膨れ上がる一途となっている。

このままでは、いつまで経っても経済成長率は高まらず、したがって税収の自然増は見込めそうにない。この先、どうなっていくのだろう？

もちろん、ＤＸ（デジタルトランスフォーメーション）やオンライン・ビジネスなどの新しい産業分野が牽引することで、各国の成長率が高まる可能性には大いに期待したい。それでも、果たしてどの程度の貢献となろうか？

一番の問題は、各国で所得格差が広がり、かつ低所得層がどんどん拡大していることだ。それが個人消費の伸びを抑え込んで、成長率の鈍化につながっている。

どこの国でも個人消費は国内総生産（ＧＤＰ）の60〜70数％を占め、その増加が各国の景気や成長率を高めるのに大きく寄与する。したがって、数の上では圧倒的多数を占める中低所得層の消費を引き上げることが、各国の成長率を高めるのに必須条件となる。

それに対し、現実はどうか？　ほんの一部の高所得層へ富はどんどん集中している。富裕層がどれほどぜいたくに走っても、高額品の消費が伸びるだけである。それは経済活動全体から見ると、ほんの一部でしかない。

やはり、大衆消費財の売れ行きが伸びてくれないと、広範囲の経済活動活性化にはつながっていかない。そういった一般大衆によるボリューム消費を高めるには、国民全般とりわけ中低所得層の消費能力と意欲を高める他ない。

その意味では、安倍前政権からはじまった企業に向けての賃上げ要請は、妥当な政策のひとつである。とはいえ、どの企業も「ない袖は振れぬ」で、ハイハイと国の賃上げ要請に応じるわけにはいかない。

ない袖は振れぬ？　日本経済の低成長で、企業の賃上げ余力がなかなか高まらないからか？　もちろん、それもある。だが、もっと大きくて根本的な問題が横たわっているのだ。日本のみならず先進各国の給与水準が高まらない理由が。

株主利益第一主義の弊害

上場企業の自己資本比率やＲＯＥ（株主資本利益率）などの数値を見る限り、日本企業の財務はずいぶんと健全化してきている。最近の世界的な流行である株主圧力の高まりで、日本企業も財務の強化をずっと迫られてきた。その成果（？）である。

財務健全化の反面、経済活動全般そして社会から見た日本企業の貢献度合いは、ひどく下がってしまっているのだ。どういうことか？

もともと企業の社会的な存在理由は、経済はもちろん社会に様々な富を生み出すことである。ところが、最近は企業経営に株主利益の最大化ばかりが求められる。それが、なにがなんでもの収益力強化と短期利益の追求に集約される。

ノーベル経済学者ミルトン・フリードマン教授などに代表される自由経済主義者が二言目に口にする、「企業は株主のもの」が行き過ぎた結果である。株主の利益につながるのなら、なにをやっても構わない。とにかく株価を上げろ、配当を増やせの株主圧力で、ひたすら利益追求を企業に迫るわけだ。

株主利益をトコトン追求すると、おそろしくいびつな企業経営となり、経済全般や社会にとっては大きなマイナスとなってしまうのだ。いびつな企業経営とは？

企業が社会に生み出す富を付加価値という。株主利益に直結する最終利益なんてものは、付加価値のほんの一部にすぎないのだ。企業にはもっと多方面にわたって、多くの富を生み出すことが求められる。

付加価値の中には、人件費・減価償却費・研究開発費・賃借料・支払い利子・租税公課といったものが入ってくる。これらは企業にとって費用項目となるが、経済や社会にとっては大事な富の創出である。それら付加価値における費用項目を差し引いて残ったものが、最終利益ということになる。

したがって、企業がどれだけ社会に貢献しているのか、その存在理由を示すバロメーターが付加価値の総額といえる。付加価値の総額を毎年きっちりと増大させている企業こそが、社会的にも立派な企業ということになる。

しかるに、株主利益を最大化させるということは、付加価値額における費用項目を目一杯削った経営をもって良しとするわけだ。すなわち、人件費や設備投資などをギリギリまで抑え込んで、とにかく利益を出せと経営陣に迫ることになる。

ほとんどの企業にとって、付加価値額の中で最大の項目は人件費である。したがって、人件費を削れば、いくらでも利益を捻出できる。

ところが、企業経営において人件費を削れば削るほど経済全体では個人消費を圧縮することになる。それは、まわりまわって経済活動を縮小させて、その企業の将来の売り上げにもマイナス要因となる。完全なる悪循環である。

それを強要してきたのが、短期の利益を追求する株主圧力である。背後には銀行や年金など機関投資家が控えている。

大々的な金融緩和と資金供給で、世界の金融機関や機関投資家は巨額の運用マネーを抱えるに至った。巨額の運用マネーを背景に大株主として、企業に株主利益の最大化を迫る構図がどんどん強まってきたのが、この20年間である。

巨大な株主圧力によって企業はとにもかくにも利益を捻出するため、人件費をどんどん圧縮する。さらには、派遣社員など非正規雇用を増やしたり、新興国の低賃金労働を多用したりする。

企業収益最大化の流れが強まれば、経済全体での労働分配率は下がるに決まっている。つまり、国全体で見ると労働者というかサラリーマン層全般の低所得化が進むことになる。

これは日本だけの問題ではない。米国でも短期利益指向の株主圧力によって企業を食いものにしてしまう例が後を絶たない。

そう、金融マーケットのバブル化による資産効果が富裕層をますます富ませている一方で、企業の株主利益最大化による一般国民の低所得化が進んでいる。それが、先進国の個人消費が伸び悩む大きな要因となっているわけだ。

別の角度からも指摘できる。株主利益第一主義の圧力によって、企業が短期利益の最大化に走り将来への投資を怠れば、その企業にとって将来の成長発展の可能性を自ら削いでいくことになる。事業家精神どこへやらで、財務管理主体の平凡な企業に成り下がっていく。

経済全体にとっても、大きなマイナスとなる。どの企業も将来成長の種を蒔くどころか、その可能性の芽を摘んででも目先の利益を出そうと躍起になるのだから。これでは、経済の拡大再生産を企業がリードする図式は、どんどん廃れていってしまうだけだ。

それでも、金融機関や機関投資家の運用担当者にとっては、一向に構わない。なにしろ、彼らには目先の成績向上がすべてなのだから。企業から利益を吸い尽くし、後は野となれ山となれで平気なのだ。

そうなのだ、企業が設備投資や研究開発投資を削れば、将来成長の芽を摘むだけのこと。その企業の競争力が落ちるのは避けようがない。結局は、国民経済的には大きなマイナスとなる。

こんないびつな企業経営と株主圧力の関係がまかり通っては、経済はどんどん弱くなるばかりである。個人消費は伸びないし、企業は将来に向けての投資に注力できないしでは、経済成長率が鈍って当然であろう。

日本の失われた30年

日本経済は、低賃金化と個人消費が伸びない悪循環にはまってしまい、そのまま延々と30年間やってきた。その結果が、失われた30年である。

そもそもの発端が、1990年に入ってからのバブル崩壊である。地価や株価の大幅下落による資産デフレで、多くの企業や銀行は巨額の評価損と不良債権を抱え込んでしまった。

その重みで企業や銀行がバタバタと連鎖倒産したら、日本経済は大変なことになる。大量失業が発生してしまう。といった大騒ぎで、バブルに踊った企業や銀行を救済する政策に走った。いわゆる「大きすぎて潰せない」という論理でだ。

本来なら、企業や銀行が抱え込んだ評価損も不良債権も経営責任を問い、それもかなわなければ企業清算に進むだけのこと。バブルに踊り狂った企業や銀行に自己責任原則を問うて当然である。それが自由競争経済というものである。

その過程で生じる失業は、いかに大量だろうと時間とともに元気のある企業へと吸収されていく。つまり、ごく自然体で労働力の移転が進むだけのこと。

しかるに、大きすぎて潰せないという論理を持ちだした瞬間、国や社会は大きなコストを抱え込むことになる。

バブルに踊り狂った企業や銀行を潰させないよう、超低金利と大量の資金供給政策を打って資産デフレを解消させようとした。同時に、1992年9月の総合経済対策を皮切りに、総額で500兆円を越す巨額の景気対策予算を投入してきた。

それら一連の政策の目的は、ひとえに企業や銀行を潰さないことに集約される。とにかく資産デフレ解消と不良債権処理を優先した一方で、新しい産業を興したりすることでの経済活性化や国民の所得増加は後まわしにしてきたのだ。

その結果は、どうだったか？　たしかに、企業や銀行の連鎖倒産は防げたかもしれない。そのかたわらで、本来なら淘汰されていくべき企業や銀行の大多数が生き長らえた。いわゆるゾンビ化だ。

ゾンビ化？　そう、ゼロ金利と大量の資金供給に甘える一方、自助自立の意思や意欲に欠ける企業や金融機関の大量生産だ。そういったゾンビ企業の多くは税金に頼る一方、進取の精神には欠けるし付加価値の創出力も弱い。

つまり、そんなゾンビ企業では給与支払い余力はなかなか高められないし、将来に向けての積極的な投資意欲も低い。もちろん、収益力も低いから税金支払いも限定的となる。

これでは、日本の個人消費も高まらないし、経済成長も鈍くなって当然である。日本経済のジリ貧と長期低迷、そしてデフレ現象が続いたのも、そういった背景があったからだ。

先進国で経済成長率が伸びないのは

世界もまた、金融緩和し資金を大量に供給すればのマネタリズム理論を、これでもかこれでもかと深堀りしてきた。そのかたわらで、「企業は株主のもの」とする株主至上主義で企業経営を短期利益追求に走らせてきた。しかし、先進国の経済成長率は一向に高まってこない。

それはそうだろう。先の項でも書いたように、株主圧力で企業から利益を最大限に吸い上げようとすれば、人件費は徹底的に削られる。それでも足らず、企業に海外のより安い人件費を指向させる。

経済のグローバル化という名の下、株主圧力は企業にもっと稼げと海外投資を促進させる。それが、先進国の国内経済にとっては厳しい現実となっていく。投資や雇用はどんどん新興国や途上国に移転していってしまうのだ。

もちろん世界経済全体にとっては、投資や富の平準化につながり、好ましい流れではある。ただ、先進国の経済成長や低所得層を中心とした一般国民の所得増加に関しては、大きなブレーキとなる。

事実、先進国では金融マーケットのみが大発展したものの、国民の大多数を低所得化の方向に追いやった。個人消費のパイが大きくならないどころか、縮小させてきたのだ。経済成長率が伸びないのは当然のこと。

オンライン化やデジタル革命の進展で、その流れに乗れない人たちの所得が伸びない。そうマスコミは書き立てるが、そんなものはひとつの要因にすぎない。経済全体で見ると、国民全般の低所得化の方がより深刻な問題である。

一方、カネあまり株高などによる資産効果は、ごく少数の富裕層に富が集中しやすい。その結果、たしかに高額品などの売り上げは伸びようが、国内消費全体のボリュームはさほどではない。

やはり、国民の多くが所得増の恩恵を受けて消費が拡大することだ。それが、経済成長率を高める王道である。

残念ながら、日本はじめ先進国の現状は逆の方向をひた走っている。それでは、経済成長率は高まりようがない。ひとつずつ、具体的に見てみよう。

企業経営を弛緩させている

企業経営をしていると、事業拡大のための資金調達でいつも苦労する。借入金に頼ると、今度は利払い費のやりくりに追いまくられる。そういった苦労が企業経営者を鍛えてくれる。

ところが、金利をゼロ同然にし、資金はいくらでも調達できるとなると、企業経営は楽である。鍛えられるどころか、経営がどんどん弛緩していく。企業経営全般が弛緩していけば、生産性も上がるはずがない。付加価値を高める意思も意欲も高まらない。

当然のことながら、賃金を引き上げるにもブレーキとなる。それこそ、ない袖は振れぬだ。これが先進国中心に多くの人々の低所得化の最大とも言ってよい要因である。

それどころか、ある程度のリスクを取ってでも積極果敢な経営に打って出ようとする事業家意欲を削ぎ落としてしまう。誰でも経営でき、そこそこの経営で十分やっていけるのだから、まともな企業でさえものんびりしてしまう。

これは、本書でずっと指摘している資金さえ大量に供給すればのマネタリズムの限界であり弊害である。その弊害にさらなる上塗りをしてきたのが、日本や先進諸国の企業や銀行を救済するという政策であった。

日本は1990年に入ってからのバブル崩壊で、先進各国は2008年9月のリーマンショックによる世界の金融バブル崩壊で、どちらも企業や金融機関の連鎖倒産を阻止しなければの政策に走った。そうしないと大量失業が発生し、社会は大混乱に陥るという判断を優先した。

それが、先の項で書いたように、本来なら適者生存の大原則で淘汰されていくべきだった企業をも、ことごとく救済することになった。それだけでは収まらず、その後のゼロ金利と大量の資金供給でもって、企業経営全般を甘やかし続けてきた。

これでは、自助自立の精神も気概もないゾンビ企業を大量生産するだけである。その企業甘やかし政策を日本は30年間も、先進各国はリーマンショック後12年間も続けてきたのだ。

また、そういった事業環境では、まともな企業をも弛緩させてしまう。事実、GAFAMに代表される、ほんのひと握りの進取の気質にあふれる企業やベンチャー企業群を除くと、世界の名だたる大企業も最近は覇気に欠けている。

SDGsなどが唱えられだしてきたが

株主利益至上主義で企業経営を短期の利益最大化に追いやってきたが、経済や社会に及ぼす悪影響があまりに酷くなってしまった。このままではマズイということで、国連が中心になって、SDGsという目標を掲げることになった。

ＳＤＧｓとは、Sustainable Development Goalsの略である。持続可能な経済社会の発展を目指すべく設定した、17項目の指針を意味する。

このまま突っ走っていくと、地球環境のみならず世界の経済も社会も維持できなくなる。それに対しては、なんとしてもブレーキをかけなければということだ。

ＳＤＧｓに続くかのようにして、米国の企業経営者グループが株主利益至上主義に向けて警鐘を鳴らしはじめた。企業は株主のもので、経営者は株主の雇われ者にすぎない。それはそうなのだがと、経営者たちが反旗をひるがえしはじめたのだ。

こういった新しい動きを見る限り、すこし楽観的な気持ちにもなれよう。しかし、現実はそう甘くはない。企業経営を短期の利益指向に追いやる株主圧力は、そう簡単に減少に向かうはずもないのだから。

どういうことか？　株主圧力でいつも前面に出てくるのは、アクティビストたちとか投資ファンドといった「もの言う株主」である。しかし、その背後には年金などの巨大な資金を運用する機関投資家が控えているのだ。

年金はもともと加入者の老後設計の柱となるべく、20年先、30年先の資産最大化を目指した運用をすべきものである。長期の投資運用をすべき最たるものが年金資金である。

ところが、長期の投資運用で模範ともなるべき年金が、この40年間で短期運用の親玉へと様変わりしてしまった。そして、株主第一主義の巨大な黒幕となっているのだ。

年金のような巨大資金が黒幕として背後に控えておれば、企業経営を短期指向に追いやる株主圧力とやらも、そう簡単には弱まらない。ちょっと振り返ってみよう。

年金運用が短期運用の黒幕に

たしかに、1970年前半までは年金資金の運用は10年単位で考えるのが常識だった。1971年はじめに筆者が運用の世界に入った頃は、年金運用はしっかりとした企業リサーチでもって長期投資するものということで、みなプライドを持っていた。

ところが、80年代に入るや世界の運用ビジネスは一気に変質していった。先進各国での年金積立て本格化による年金資産の急拡大にともなって、年金運用を目指すマーケティング競争が激化していったのだ。

いまや世界最大の運用マネーとなった年金資産は、各国の運用会社にとっては格好のビジネス拡張チャンスと受け取られた。このチャンスを逃すまいと、世界の運用会社は年金資金獲得のマーケティングに急傾斜していった。

そして、あっという間に運用ビジネスが、運用資金獲得のためのマーケティングビジネスへと変身してしまった。マーケティングビジネスへの傾斜は80年代に急伸し、90年代に入ると世界で運用ビジネスといえばマーケティング部門が主役という図式が定着してしまった。

年金資金獲得を目指して運用各社のマーケティング競争が激化していくにつれて、対象とする運用期間が10年単位では長すぎるとなった。そして、あれよあれよという間に5年単位、いや3年単位の成績だとなっていき、ついには毎年の成績を追いまわすことになってしまった。

運用会社からすると、世界最大の運用マネーに躍り出た年金資金を獲得すべく、年金マネーのマーケティングに力を入れない理由はない。そのためには、いかに毎年の成績で他社を凌駕するかに全力をあげることになる。

かくして、80年代も半ば頃からというもの、年金運用は本来あるべき長期の投資運用を棚上げにして、毎年の成績を追いかけるものに一変してしまった。筆者は世界の運用現場で、すさまじいまでの短期運用シフトを驚きをもって眺めていた。

いかに長期の投資運用にこだわっていても、年金サイドが毎年の成長を求めてくるのだから、それに対応せざるを得ない。さもないと、運用資金を預けてもらえないのだから否応はない。

世界最大の運用マネーである年金が毎年の成績を追い求めるとなれば、世界の運用全般も毎年の成績追いかけの方向になびいていくのは自然の流れである。それで、90年代に入るや世界の運用ビジネスは、毎年の成績を追いかけるものというスタイルが一般化した。

逆に、われわれのような長期投資家は絶滅危惧種的な存在に追いやられた。世界の運用マネーの大半が毎年の成績を追い求めるのだから、致し方ない。いくら長期投資の良さと成績を訴えたところで、運用を委託する側が毎年の成績にこだわっていては、ビジネスの接点はない。

ところで、毎年の成績を追いかける運用をMoney Managementといって、資金運用の世界をいう。われわれのような長期運用はInvestement Managementすなわち投資運用であって、資金運用とは一線を画す。

その資金運用だが、株主利益至上主義とはきわめて相性がいい。企業に短期の利益最大化で配当や自社株買いを求めれば、株価は上昇しやすい。それは、年金の運用成績向上に直結するのだから。

かくして、年金などの機関投資家はそう表立った動きを示さないものの、アクティビストや投資ファンドといった「もの言う株主」に同調することになる。

年金を中心とした機関投資家マネーが短期の株価上昇を支持するからこそ、アクティビストたちは好き放題に暴れられ、企業経営を短期指向に追いやれるのだ。

年金運用は本末転倒もいいところ

ここで考えてみたいのが、年金運用の現状と、年金運用の本来あるべき姿とのギャップである。

毎年の成績を追いかける資金運用では、アクティビストたちに同調しやすい。ともに企業を短期利益指向の経営に追いやる方向で利害は一致している。そうすれば株価は上がり、運用成績も向上するのだから。

すこし繰り返しとなるが、企業に対する短期利益最大化の圧力は、企業が生み出す付加価値での費用項目を目いっぱい削り落とせに直結する。

その圧力は人件費の削減のみならず、採算の悪い工場や事業部門などの切り捨てにつながり、従業員やその家族の生活を脅かす。また、出入り業者の仕事をも奪ってしまう。

それらのどれもが、経済活動の縮小となり、社会にとってはマイナスに働く。つまり、年金を積立てている人々の生活基盤を揺るがせてしまうのだ。

すごい矛盾ではなかろうか。一般生活者の将来のための年金運用が、一般生活者の現在の生活を足元から掘り崩しているのだ。

投資運用とは、より良い将来を築いていく方向で、お金に働いてもらうことである。お金に働いてもらっている過程で、運用成績が後からついてくる。後から成績が積み上がってくる。だからリターンという。

年金運用は本来、長期投資の最たるもので、その資金は将来社会を築いていく大きな柱となるはずのもの。それが、アクティビストたちと一緒になって人々の所得を削り、企業の将来をないがしろにするなんて、本末転倒もいいところである。

とはいえ、年金運用ビジネスは毎年の成績を追いかけてやまない資金運用にどっぷり浸ってしまった、そういった歪んだ年金運用の仕組みが、先進各国で定着してしまっている。おいそれとは是正できそうにないのが、世界の現状である。

世界のお金の流れが狂っている

年金運用が本末転倒をきたしているのは指摘した通りだ。世界のお金の流れで見ると、同様におかしなことがあちこちで見られる。

異常なまでの金融緩和と大量の現金供給で、金融マーケットはどんどんバブル化の度合いを高めていっている。バブルが膨らんでいる間は、金融マーケットの大活況ということだが、バブル崩壊後は至るところで収拾のつかない混乱を招こう。

一例を挙げれば、銀行など世界の金融機関の余資運用である。余資運用というぐらいだから、年金運用などが毎年の成績をどうのこうの云々する以前の世界である。どれだけ短期の運用利回りを積み上げるかだ。

世界的な金あまりで、金融機関の余資運用ニーズはどんどん高まっている。それが、2000年代に入っての証券化商品の爆買いにつながったのは記憶に新しい。リーマンショック後は、またぞろ新手の金融商品を買いまくっている。

銀行など金融機関がとにかく運用利回りが欲しいので、ありとあらゆる金融商品に飛びつくのは危険である。2000年代に入ってからの世界的な金融バブルはリーマンショックで吹っ飛んだが、あれなども投資銀行や証券会社からの提案にホイホイと乗ったものだった。

新しい金融商品とやらを開発する方も、それに飛びつき買いする方も、膨れ上がっているバブル熱気に煽られていた。計算上は上手くいくはずなので、どんどん話を進めてしまう。裏に隠れているリスクなど考えようともしない。

そういったバブル買いが、リーマンショックで一転して地獄を見ることになった。金融工学や統計学を駆使して編み出した、99・996%の確率で大丈夫と言っていたはずの金融商品なのに、いとも簡単に0・004%の裏目が出てしまったのだ。

そこで、みなが大慌てとなった。複雑多岐に組み合わせて運用商品に仕立てたものの、その中身があるようでない、実際になにもなかったという事実に、バブル買いしてきた金融機関は直面したのだ。

みなが一斉に売り逃げを図ったが、どれもこれも売るに売れない金融商品ばかり。世界的な金融バブル崩壊でマーケットは暴落しているが、抱え込んだ金融商品は売るにしてもほぐしようのない複雑な仕組みのものばかり。

そこで、ヨーロッパ中央銀行が中心になって、大々的な銀行救済に踏み切った。ほぐすにほぐれない、売るに売れない金融商品を、ヨーロッパの片田舎の小銀行まででもがしこたま買い込んでいたためだ。

リーマンショックから12年を経た現在、また当時と同じ状況となってきている。金あまり運用難で、銀行など金融機関がすこしでも利回りを稼げそうな金融商品に、ためらうことなく買い群っているのだ。

これも、異常なる金融緩和で資金を大量に供給し続けているマネタリズム深堀りの弊害である。その象徴が、マイナス金利の国債を17兆ドルもの資金が買っていることだ。いくら運用難だといっても、これだけリスク意識を棚上げして大丈夫なのだろうか？

第八章

アクティブ運用が大復活する

実に奇妙なバブル株高

世界的なカネあまりの株高バブルが続いている。ＩＴ（情報技術）株を中心にして、すさまじい勢いで買われている。

おもしろいというか、なんとも奇妙なことに、最近の株式市場では静かに大幅高を演じることが多くなった。まるで、大きく値上がりするのが当たり前であるかのように、驚きもなければ高値警戒感もなく、前日比大幅高が報じられる。

マーケットでも、投資家の間でも、株価は上昇するモノと決め込んでいるかのようだ。ちょっと大きく下げても、すぐ戻るだろうと、もう落ち着いたもの。

これだけ大幅高を続けてきたのだ。マーケットや投資家の間では、高値警戒の緊張感が高まったり、抜けがけの売りを出されはしないかといった疑心暗鬼が走ったりするのが普通。

ところが、世界の株式市場を見わたすに、みな信じられないほど余裕たっぷりである。

各国政府や中央銀行が、長期金利は上昇させない、いくらでも資金は供給するぞと言明しているからの安心感なのか？　このカネあまり相場、まだまだ上値はあると読んでの余裕なのか？

そうはいうものの、世界の株式市場を中心にして、すごいバブル高が続いているのは事実である。

コロナ不況はまだまだ続いている。コロナ問題が発生して、2020年の3月、4月、5月と世界経済は蒸発したかのようになって、大きく落ち込んだ。それが、8月、9月、10月とすこしずつ回復の兆しが出てきて、前月比プラスという数字が並ぶようになってきた。

それを見て、株式市場では景気回復を先取りした株買いが続いている。実際、ビジネスが空白状態になってしまっている飲食・観光・航空業界の苦境などそっちのけで、IT巨大産業などの好調ぶりを買う投資熱は高まるばかり。

株式市場関係者や投資家たちは一部のどんどん跳ね上がっていく企業群の株価とともに、コロナ不況などもはや過去のものと見なしているかのようだ。

一方、株高とあまり縁のない一般生活者からすると、「世界経済がこんなに悪いのに、えらい株高だな」とバブルへの警戒感を高めている。

マーケットや投資家の間で漂っている「株価はまだまだ上がる」といった奇妙な余裕と、世間一般の人々が見る「とんでもないバブル高だよね」といった庶民的な感触とのギャップは、ますます広がるばかり。

さてさて、どちらの見方が正しいのか？　カネあまり中毒にマヒしてしまったかのような株高なのか、一般庶民のバブル感なのか？

株高バブルの終焉

このバブル相場はもうそろそろ終るのか、まだまだ続くのかは誰にも分からない。はっきりしているのは、「いつのバブルも、どこかではじけ飛ぶ」ということだ。そのあたりは、第三章で草刈が歴史的なバブルとその終焉を詳述してくれている。

バブルといわれるぐらいで、もともと中身はさほどないから、はじけたら一巻の終りとなる。その寸前までの投機の泡が、あとかたもなく消滅し、大きな投資損失と評価損が残される。

今回のカネあまり株高バブルも、コロナ禍に喘ぐ世界経済を見るに、とてもではないが、これほどまでに株を買い上がる状況ではない。ひとえに、世界的なカネあまりで、行き場を求めたマネーが株買いに集中しているだけのこと。

金融緩和と大量の資金供給による空前のカネあまりは、世界の金融機関や機関投資家を運用難に追いやっている。すこしでも金利を稼ぎたいが、債券市場ではマイナス金利の国債を売買するほどの高値圏となっている。

いきおい、株式市場での高値追いに資金を投入することになる。それこそ、かつて日本のバブル時に機関投資家の間で常套句となった「赤信号みんなでわたれば怖くない」でバブル株高に乗ってきているわけだ。

そのかたわらで、個人の「イナゴ投資家」も参入してきている。米国では失業対策として、毎週600ドルが広範囲に配られてきた。資金の一部は投機マネーとなってナスダック市場に流れ込み、値動きの軽い銘柄を集中買いしているとのこと。

ロビンフッドなる売買手数料ゼロのネット証券が登場したこともあって、多額の資金を給付された個人投資家の投機熱は相当に高まっている。これまた世界的なカネあまりバブル株高に乗ったもの。イナゴたちは現物株投資では飽き足らず、先物取引をはじめコールやプットのオプション取引にまで手を出しているという。

いかに、コロナ禍で転がり込んできたタダ金を投入するとはいえ、知識も経験もないまま先物やオプションにまで手を出すのは危険である。バブルがはじけた瞬間に予想もしなかった損失をこうむることになる。まさに「行きはよいよい、帰りは怖い」である。

いつのバブルでもそうだが、投機に踊り狂ったマネーの末路は悲惨である。バブル崩壊により、膨れ上がってきた資産の大半が吹っ飛ぶ。それどころか、大損をこうむることになる。

中身のないものをカネあまりの勢いだけで買い上がった、その報いである。

すさまじい株価下落を覚悟しよう

おそらく、現行のカネあまり株高バブルは近々、大崩れとなっていこう。

もういつ大崩れがはじまってもおかしくないし、そう遠い先の話ではない。第五章でも書いたが、株高バブルの熟柿が落ちるのはもう時間の問題だろう。

きっかけは、なんでもいい。なにか大きな出来事が起こって、株価全般が急落する可能性もあるし、すこしずつ上値が重くなっていって戻りも鈍くなり、自然と崩れ出すこともある。

ともかく、大崩れはそう遠くないだろう。そこから先は地獄である。ここまで買いに買ってきたから、どの投資家も買いのポジションを腹いっぱい抱えている。

そこへ株価全般が急落とくれば、もう大慌てとなる。一刻も早くすこしでも多く売って保有株式のポジションを下げなければ、大きな損失を抱え込んでしまう。

どの投資家も、大慌てとなるのはみな一緒。そして、一斉に投げ売りを出してくる。とにかく売って現金化を急ごうとする売りが集中することで、株式市場はあっという間に奈落の底へと転げ落ちていく。

ちょうどいま、世界中の投資家が余裕しゃくしゃくで高値買いしているのとは逆の回転となっていく。どの投資家も、あれこれ抜きで売り逃げを優先する。

巨額の買いポジションを持って、みながみな売り逃げに走るから、株価は急落に次ぐ急落となっていく。あまりの急落に恐れをなしてか、買い手などまったく入ってこない。

やっかいなことに、株式市場での高速売買はじめ先物やオプション取引などが急落相場を、さらに一方通行的な下げへと導いてしまうだろう。なにしろ、コンピューターが機械的に対応するだけだから、情け容赦はない。

1987年10月19日に発生したブラックマンデーが、まさにそうだった。あの当時、プログラム売買というものが定着しだした頃で、コンピューターが株価の下げに反応して次から次へと売り注文を出していった。

まったくブレーキがかからないまま、株式市場は史上空前の大暴落となった。NYダウ平均株価は1日で22・6%の下落となり、S&P500先物は29%も下落した。それが世界中に波及し、日経平均株価も戦後最大の下落率14・9%を記録した。

これは個人的な見解だが、近々やってくる世界の株式市場の大崩れは、ブラックマンデー時を超える大暴落となろう。そう考える理由は、米国はじめ世界経済の現状がブラックマンデー時と比べ各段に悪いからだ。

あの当時は、2度の石油ショックともおよそ2年半で軽々と乗り切った日本経済は例外として、非産油国はどこもディスインフレに苦しんできた。エネルギー価格の急騰ではじまったインフレに対し、需要減退による不況で世界経済はずっとディスインフレと呼ばれた苦境に青色吐息だった。

それが、１９８０年代半ば頃から世界経済はすこしずつ回復に向かいだしていた。景気の回復を先取りして、株価が早くも上昇軌道に乗ってきた。その段階で、ブラックマンデーが発生したわけだ。

株式市場は大暴落したが、これといった直接のきっかけはない。ただ、大きく跳ね上がっていた株価全般が突然に崩れ出したのだ。そこへプログラム売買の売りが覆いかぶさっていったというわけ。

近々やってくるであろう大崩れは、87年のブラックマンデー時よりも状況は悪い。コロナ禍で世界経済は蒸発したような状態から、まだ復活の途についたかどうかだ。そんなヨチヨチ歩きの世界経済に株価大暴落が襲いかかるわけで、相当にキツイものになろう。

そもそもからして、経済ファンダメンタルズを見る限り、こんなにも株価がバブル高する状況にはなかった。それを世界的なカネあまりというだけで、買って買いまくってきたわけだ。

したがって、株式市場が大崩れとなるや、すさまじい株価下落となろう。

大きく売られる株は

ところで、世界的なカネあまり株高バブルが崩壊となっても、すべての株式が同じように急落するわけではない。大きく値を下げる株式もあれば、それほど下がらない株式も出てくる。

世界の株式市場は株価暴落で蜂の巣を突っついたような大騒ぎとなり、平均株価も大きく下げる。そんな中、バブル買いされてきた銘柄群ほど、激しく叩き売られよう。

それはそうだろう、その寸前までバブル買いしていた投資家たちが、一転して大慌ての売り逃げに走るのだ。バブル高してきた銘柄群は一斉の投げ売りで、ひどい下げとなるのは当然のこと。

その典型例がＧＡＦＡＭやテスラ株だろう。これらの企業は新時代を代表するというよりも、すでに独占的なビジネス基盤を築いてしまい圧倒的な勝ち組ということで、世界中の投資家人気を集めてきた。

株価も4年間で4倍～5倍へと、ピンポン玉のように跳ね上がってきた。各社の毎年の成長率も抜群で、買われすぎだという声を押しのけて株価は上昇に次ぐ上昇を遂げてきた。

そういったGAFAMやテスラといった怪物的な成長企業ではあっても、本来の実力をはるかに超えた水準にまでバブル買いを集めてきた。それは誰も否定できないだろう。

とはいえ、すさまじい株価上昇で、どの部分までが本当の実力で、どの部分からはバブル買いだと、数値で指摘するのは難しい。はっきりしているのは、来る株価大暴落でバブル買いの部分はもちろんのこと、本当の実力部分もみな一緒くたに売られることだ。

いつのバブルでも吹き飛べば、全部まとめて損失回避の売り逃げを浴びることになる。これは、GAFAMやテスラ株だけの話ではない。株式市場に上場しているほとんどすべての株式が、株高バブル崩壊で総売りの洗礼を受ける。

その洗礼だが、個別企業によって売られ方が違ってくる。バブル高相場で派手に買われてきた企業ほど、大きな売り逃げを浴びるのは当然のこと。

また、インデックスの値動きに大きな影響を及ぼすということで集中買いされてきた企業の株価も、悲惨きわまりない下落となっていこう。株価全般の値下がりで、日経平均などインデックスは見る影もないほど大崩れするが、それに輪をかけたように叩き売られよう。

一方、バブル高のマーケットにあって、それほど注目されてこなかった銘柄群には、さして売りは出てこない。株式市場全体というか平均株価などのインデックスが派手に下げるのとは裏腹に、案外と下げ渋ったりして、むしろ値持ちがいい。

われわれ本格派の長期投資家の狙いも、まさにこの一点にある。

V字型の株価急回復と長期投資家

われわれ長期投資家は今回のようなカネあまりバブルに踊ることはなく、バブル株高とはずっと一線を画してきた。むしろ、こんなバブル株高は一刻も早く崩れてくれと待ち望んでいた。

したがって、ポートフォリオに組み入れている銘柄群も、バブル崩壊で株価全般が大きく値下がりするのに比べ、下値抵抗力の強いものが中心となっている。早い段階からバブル崩壊による株価下落リスクを最小限にしてきたから当然のことだ。

そういった本格派の長期投資が真価を発揮するのは、まさにここからである。カネあまりバブル高相場が大崩れとなっても、われわれは大慌てすることもなく平然とした対応で、余裕たっぷりなだけではない。

世界的なカネあまりバブルからは距離を置いて、いずれ来るバブル崩壊後を見据えたポートフォリオをずっと構築してきた。そこにスポットライトが当たるのだ。いよいよ、待ってましたの展開となっていく。

どういうことか？　いつのバブル崩壊でもそうだが、その寸前までバブル相場に買い群っていたマネーの大半は蒸発する。

それはそうだろう。株価の急落で、たとえば170あった投資勘定が80に目減りするのだ。すると、90の価値は蒸発したかのように消えてなくなるわけだ。

株価暴落で株式市場に群ってきたマネーが大きく縮小する。それは、株式市場の時価総額急減となって現れる。

1990年代に入って日本のバブル崩壊で、東京株式市場の時価総額は600兆円から300兆円ちょっとまで激減した。これが、マネーの蒸発である。

それだけではない。投資家など市場参加者の多くが大きな損失の痛手と、巨額の評価損で身動きが取れなくなる。

これは、いつのバブル崩壊でも見られる地獄絵である。バブル高になっている相場に乗ってさらにさらにと高値を買い上がってきた投資家たちは、株価急落でハシゴを外されたようになる。

すこしでも値下がり損の痛手を減らそうと、みなが競って売り逃げに走る。ところが、全員参加のバブル相場が崩壊したのだ。買いはほとんど入ってこない。そう簡単には売れない中、株価だけはみるみる下がっていくことに。

その結果、株価全般は一気に下がったものの、多くの投資勘定がそのまま売れ残ってしまう。これが、バブル投機での巨額の損失と、売れないまま保有している株式の評価損である。

多くのバブル価値が蒸発し、売るに売れないまま抱え込んだ株式の評価損で、投資家の多くはその後始末に追われることになる。とてもではないが、次の投資行動に入るどころの話ではない。

そんな大混乱の株式市場だが、辛うじて生き残ったマネーは、早くも次なる儲けの場を求めはじめる。いつでも儲けの場を求めて止まないのは、マネーの本性であり、ドライさでもある。

そこで見直し買いが入るのが、バブルが崩壊したにもかかわらず値持ちの良い銘柄群である。上手い具合に、すさまじかったバブル買いの渦中にはなかったから、投げ売りもほとんど出てこない。

金融バブル崩壊を受け、株式市場の棒下げにつられて、一時は株価が急落した。しかし、それほど売りも出ずに早い段階で下げ止まり、むしろ戻りの気配さえ見せている銘柄群だ。

これはいい、それ行けとばかりに、生き残ったマネーが集中買いをはじめる。かくして、株式市場全般はバブル崩壊の売り逃げで大混乱に陥っている中、一部の銘柄群がV字型の株価急上昇を見せることになる。

一部の銘柄群がV字型で株価上昇を見せるのは、バブル崩壊など大きな暴落相場の後では、必ず起こる現象である。投資家の多くは大痛手を蒙ったが、マネーはそんなことお構いなしに新しい儲け場所へと飛び移っていく。

もちろん、われわれ本格派の長期投資家が構築してきたポートフォリオは、このV字型の株価急上昇の波に乗って、ご機嫌そのものである。バブル崩壊による株式市場の大混乱を横目にしながら、新しい上昇相場を先取りしていくことになる。

これが、長期の投資運用というものである。いつでも先を読み、大きく下がったらさっさと買いに入っていく。その作業を淡々と繰り返すわけだ。

相場を追いかけるのが投資ではない

最近、といってもこの40年ほどのことだが、投資は相場を追いかけるものとする風潮が一般化してしまった。実際、多くの投資家がマーケットでの相場動向にどう対応していくかをもって、株式投資と見なしている。

株式投資関連の書物や教科書も、みな「いかにして、相場変動を上手くとらえては投資収益を上げていくか」に焦点を当てている。個人投資家だけの話ではない。

運用のプロとされている機関投資家も、やはり相場変動にどう打ち勝っていくかが、株式投資運用だとしている。

運用のプロを自認するからには、昔からのNY株式市場での金言を知っているはず。すなわち、「Mr・Marketとは友達になるな」という教えである。

Mr・Marketつまり日々の株価変動をしゃかりきになって追いまわしてはいけない。結局は、相場を追いかけているつもりで、相場に振りまわされてしまい、ロクなことはないよという教えだ。

そもそも、相場なんてものは買う人が多ければ上がるし、売りが集中すれば下がるわけで、変転きわまりない。マーケット参加者の誰もがみな、自分だけは儲けてやろうと目の色を変えている。そして、儲かると思えば買いでも売りでも、即座に方向を変える。

そんな、上へも下へも変転きわまりない相場の先行きをどう読んで、どう行動するのか。まさに至難の技である。じっくりとマイペースで投資しようなんて言っていると、マーケットでの相場変動に置いてきぼりを食らってしまう。

だから、Mr・Marketなどとは仲良くするなと教えてくれているのだ。それよりも、マーケットとは付かず離れずの立ち位置を守って、「安ければ買い、高くなれば売る」の投資リズムとペースを守れということだ。

もっとも、この教えは投資家に対してのものである。デイトレーダーはじめディーリング運用者にとっては、「時々刻々の株価変動を追いかけるな」などと言われた日には、飯の食い上げである。

彼らは刻々の株価変動をとらえて、値ザヤを抜こうとする。だから、Ｍｒ・Ｍａｒｋｅｔとは大の仲良しであって構わない。

ところが投資運用においては相場変動を追いまわすなど、百害あって一利なしである。大体からして、相場の先行きなど神のみぞ知るの世界であって、それを投資と思い込んで、買ったり売ったりするのは完全にバクチの世界である。

早い話、本書でずっと主張している金融バブル崩壊だって、いつバブルがはじけるか予測もつかないではないか。これだけバブル高になってきたから、もういつ大崩れに入ってもおかしくないとは言える。しかし、いつ下げがはじまるのかは誰にも分からない。

そう、相場動向なんて、読みようがないのだ。

機関投資家の大半が資金運用

では、運用のプロともいわれる機関投資家の多くが、やはり相場動向を追いかけているのは、なぜか？　先行きの相場動向を必死になって読みながら売買しているのはどうしてか？

彼らは投資運用ではなく、資金運用をしているだけのこと。だから、相場動向にはやたらと敏感だし、売り買いの方向転換も実に素早いものがある。

もっとも、日本の機関投資家の場合、昔からの横並び運用体質に染まっている。彼らは相場動向にすごく敏感ではあるが、それにも増して他社の動向などの情報収集に多くの時間とエネルギーを割いている。なんとも忙しいことである。

機関投資家が資金運用？　前の章で書いたように、彼らは毎年の成績を上げることを唯一最大の目標とし、すこしずつでも成績を積み上げようと短期の売買を繰り返す。それは、ディーリング運用と五十歩百歩の運用スタイルとなる。

年金をはじめとする機関投資家の運用では、いかにして毎年の成績を高めるかが最重要課題である。そうなると、どうしても相場変動の値ザヤを抜いていかざるを得ない。じっくりと構えて、3年、5年くらいの時間軸で大きな投資収益を狙うなんて運用スタイルは、そもそもからして許されない。

どんなに小さな買却益でも、それを積み上げれば通年ではそこそこの数字となる。そこへ、5倍、10倍のレバレッジをかけてテコの効果を応用すれば、たとえ0・1%の買却益でも5倍の0・5%とか10倍の1%といった投資収益を叩き出せる。

あるいは、1秒間に1000回とか2000回といった高速売買という手法を採り入れれば、わずか0・001%といった極小の売却益であっても、0・3%ぐらいの投資リターンを計上できる。

こんな具合で、年金をはじめとする機関投資家の大半が、相場追いかけの資金運用に終始している。それが高じて、インデックス先物などを駆使したディーリング運用が、いまや機関投資家運用の主流となっている。

個別株式投資のディーリング運用では手間がかかるし、まどろっこしい。また機関投資家の巨額資金だ、そう簡単に短期の回転売買はできない。

そこで目をつけたのが、インデックスの短期売買やインデックス先物を投資対象としたディーリング運用である。個別株式投資と違ってインデックスを売買するわけだから、機関投資家の巨額資金でもなんの支障もなく対応できる。

さらにありがたいことに、個別企業のリサーチも不用となる。インデックスの値動きに影響があるような経済全体のマクロ指標や政治社会動向を、ひたすら追いかけるだけで済む。かくして、日本では機関投資家運用の80％前後、米国では85％前後がインデックスがらみになってしまったといわれている。

とにかく毎年の成績を積み上げるべく、相場動向を追いかけては、短期の売却益を積み上げようとする。それも、個別銘柄投資ではなくインデックスを投資の対象とする。

運用のプロであり、巨額の資金を運用する機関投資家がこうなってきた。となると、もはや株式投資そのものが廃れるのか？　あるいは、過去の遺物となってしまうのか？

いや、その心配には及ばない。

来たる金融バブル崩壊で、個別株投資が輝きだす

すこし大胆な読みと思われるかもしれないが、いずれ到来する金融バブル大崩壊から、それほど間を置くことなく株式投資は大復活する。とりわけ、いまや絶滅危惧種的な存在となった長期投資家が、大いに脚光を浴びることになろう。

どのような展開となるのか？　まず、来たる金融バブル崩壊で株価全般は棒下げとなる。その中でも、ここまで派手にバブル買いされてきた企業の株価ほど激しく売り込まれよう。

おそらく、来たる金融バブル崩壊時においては、各国政府も企業や銀行の救済に走る余裕もなかろう。なにしろ、これだけ大きく財政赤字を拡大させ、その穴埋めの国債発行では各国中央銀行を駆りだした財政ファイナンスまで取り沙汰されているのだから。

そうなると、金融バブルに踊った多くの企業や銀行が多額の評価損や不良債権を抱えて、市場からの退出を迫られる。もちろん、そういったところの株価は限りなくゼロに近づく。

ということは、インデックスなど平均株価はボロボロ状態にまで叩き落とされる。年金はじめ機関投資家は大パニックとなろう。いまや不適格の烙印を押された企業や銀行の大半がマーケットから消え去るまで、インデックスは低位に低迷する。

マーケット全体をカバーする株式ETFに至っては、もうどうにもならない。インデックスならば、個別企業の順次脱落を待てばいい。しかし、株式ETFはすべての銘柄をひとつのパッケージにして組成している。したがって、脱落銘柄のすべてが消え去るまでは底値圏をのたうちまわることになるだろう。

一方、そういった地獄のような大混乱の中でも、個々の企業で見ると金融バブル崩壊を跳ね飛ばして、早くも浮上しだすものも出てくる。先ほども書いたように、われわれ長期投資家に加えて、生き残ったマネーも買い集中してくる。それでもって、V字型の株価急上昇となっていく。

株式市場全体は大暴落の後の大混乱で、収拾がつかない状態になっている。インデックスなど平均株価も大きく下げたままだ。

ところが、一部の企業の株価はスルスルと上昇に転じてくる。当然のことながら、そういった状況下でも動ける一部の投資家は、そちらへ流れ込んでいく。これぞ、個別株式投資すなわちアクティブ運用の復活である。

アクティブ運用の復活（その1）

これだけ世界中でインデックス運用が花盛りともなると、アクティブ運用は古き時代の遺物ぐらいにしか見なされない。われわれ本格派の長期投資家が絶滅危惧種的な存在となっているのと軌を一にする。

こんな感じだろう。個別企業をていねいにリサーチして投資するなど、まどろっこしいし、コストもかかる。

それよりも、日経平均株価やＴＯＰＩＸなどのインデックスや株式ＥＴＦを投資対象とする方がよほど手軽である。機関投資家の巨額資金でも容易に売買できる。

また、学者先生たちはインデックス運用の方が成績もよく、コストも安いから、アクティブ運用よりも勝っているといった研究成果を相次いで発表している。

最近はとみに投資教育とか金銭教育の重要性が叫ばれているが、そこでの定番となっている教えも、インデックス運用はコストも低く、成績もアクティブ運用に勝るだ。

われわれ、筋金入りの長期投資家からすると、冗談ではないの一言。運用の現場をまったく分かっていないと、一刀両断の下に斬り捨てる。

学者先生たちの研究では過去のデータ、つまりエビデンスをベースに理論を組み立てる。したがって、できるだけ広範囲で多くのデータを集め、それを分析することで客観性の高い研究成果が得られるとする。

一般的な客観分析なら、それでいい。ところが、投資運用の成果に関しては、その手法が大きな間違いを犯してしまう。とりわけ、アクティブ運用の世界では最悪である。

どういうことか？　われわれアクティブ運用の世界では、個々の運用力によってピンキリの結果が、時間とともにはっきり現れる。5年もしないうちに、大した成績も出せない運用ファンドや、ヘボな運用者たちは、ほとんどが脱落してしまっている。

ということは、学者先生たちが「これぞエビデンス」と主張するアクティブ運用の成績には、ヘボな運用ファンドたちが消え去る寸前までのデータも含まれてくるのだ。インデックスは平均株価そのものだが、アクティブ運用の世界では天と地の差の運用成績が入り混じっている。

やっかいなことに、世界で見ても次々と新ファンドが設定される。そのかたわらで、ヘボな運用で解約やら償還やらを食って、消滅していくファンドが数限りない。

そう、多くのデータを集めて統計処理したアクティブ運用の平均的な成績などというものは、ヘボな運用者たちの残骸のような成績が、山ほども加味されているのだ。われわれ本格派の長期投資家からすると、そんな統計データなど歯牙にもかけない、おぞましい数字でしかない。

そもそも、本格派のアクティブ運用がインデックス運用に勝てないとすること自体が、おかしいのだ。平均株価などインデックスはしょせん玉石混交の銘柄組み入れにすぎない。一方、本格派のアクティブ運用は玉と思われる企業群を選別して投資する。この違いは大きい。

つまり、5年を超える長期的な投資運用の成果では、玉と思しき企業をたっぷり組み入れたアクティブ運用が、グーンと輝きを増して当然である。それも時間が経てば経つほど、インデックス運用との差が広がってしまうはずである。

現に、弊社のさわかみファンドは設立以来21年と3ヵ月になるが、インデックスとの成績差は開く一途である。たとえば、日経平均株価はこの間に1万8095円から2万6014円へと、44％上昇したにすぎない。一方、さわかみファンドは1万円からスタートして2万7735円へと177％の上昇だ。（2020年11月17日時点）

この圧倒的な成績差こそが、本格的なアクティブ運用の実力である。ピンキリの世界ではあるが、まともなアクティブ運用ならば、インデックス運用などをまったく寄せつけないということを如実に物語っている。

ちなみに、さわかみファンドの成績は運用規模が10億円とか100億円ぐらいの小回りの利くファンドではなく、3000億円を超すメガファンドでのもの。それこそ、インデックスと真っ向から勝負した結果である。

これだけでもすごい成績差だが、来る金融バブル大崩落ともなると、違いはもう決定的となろう。日経平均株価などのインデックスは、組み込んでいる石コロの重みで沈んでいく。そして、そのまま長く低位を低迷しよう。

それに対し、われわれのアクティブ運用は株式市場全般の暴落を乗り越えて早々と上昇軌道に入っていこう。

アクティブ運用の復活(その2)

われわれのアクティブ運用は、しっかりとした企業リサーチをベースに、将来にわたって玉と思われる企業群を選別して運用しているだけではない。もちろん、それだけでも平均株価などインデックスとは大きな成績差となっていく。

厳しい銘柄選別にプラスして、本物のアクティブ運用では、組み入れ銘柄の流動性というものにいつも注意を怠らない。流動性に留意とは?

そう、マーケットのことだから、いつ何時どんな暴落相場に出くわすか知れたものではない。そういった暴落相場においても、顧客資産を守り通す運用姿勢と意識は、運用のプロとして絶対に欠かせない。

それだけではない。大幅な相場下落で、顧客からの解約売りが集中することも時としてあり得る。そんな場合を、いつも想定に入れておく必要がある。

どういうことか？　顧客からの解約売りに応じるべく現金をつくらなければならない。そんな時に、ほとんど流動性のない小型株などを数多くポートフォリオに組み入れていた日には地獄を見る。

現金化のために保有株を売らなければならないが、流動性が低い組み入れ銘柄が多いと、マーケットに買いものがまったく入ってこない。それでも売って現金を調達しなければならない。そのせめぎ合いのまま、自分の売り値だけはどんどん下がっていく。

かくして、解約のための現金化はなかなか進まない中、なんとしてでもの現金づくりでポートフォリオ組み入れ銘柄を手当り次第に売っていって、成績は急悪化していく。これなんぞも、アクティブ運用ファンド脱落の一要因となってくる。

さわかみファンドで説明すると、１９９９年８月24日の設立以来ずっと守っているのが、ファンド資産の50％以上は常に流動性の高い大型株で保有するという運用方針である。

いつどんな時に大きな解約注文に遭遇するか知れない。そんな時でも、ポートフォリオを傷つけることなく、解約のための現金づくりをする必要がある。

そうしないと、解約売りする顧客はともかく、ずっと残って頑張り続ける顧客に申し訳ない。解約売りを浴びてポートフォリオがズタズタにされましたなんて、お恥ずかしくてとても言えない。運用責任の回避そのものである。

このような流動性への配慮も、本格派のアクティブ運用では絶対に欠かせない。これは、ある程度は運用成績を捨ててでも守らなければならない運用姿勢であり、運用者のモラルでもある。

この点を、さわかみファンドは実直に守ってきた。小型株などが大人気となる相場展開でも、それにはさほどのめり込まない。いつでも、流動性を意識した運用成績を守っているわけだ。

設立以来21年余、これまでのところ小型株の流動性が問題となったケースはない。ということは、ずっと小型株を遠ざけてきた結果、さわかみファンドは得べかりし運用成績がずいぶん発生していることになる？

その通り。だが、それでも構わない。流動性を重視した運用姿勢は絶対に崩さない。たとえ運用成績がすこし落ちたとしてもだ。

そういった配慮を崩さないでいても、日経平均株価などを大きくリードしているのだ。これが本格派のアクティブ運用の実力であり、余裕である。

さてさて、来る金融バブル大崩落では、アクティブ運用の中でも、その真価が問われよう。地獄絵のような暴落相場が襲って、売り逃げや現金確保で収拾のつかない株式市場で、平然とポートフォリオを守り通せるかどうかだ。各ファンドを比較すると、大差がつこう。

最後に、インデックスはしょせんインデックスである。流動性や突然の解約売りといったものとは無縁で、日々の株価から算出していくだけのこと。売買手数料がかからないのに加え、このあたりだけはアクティブ運用よりは間違いなく有利である。

それでも、本格派のアクティブ運用はインデックスよりずっと上を行くのは間違いない。ぜひ今後の展開を見ていてもらいたい。

第九章

バリュー投資は死んだのか

金融バブル大暴落で、実体経済が再認識される

金融緩和と資金を大量に供給すればいいとするマネタリズム理論だが、金融バブルの大崩落でガタ崩れとなろう。唯一の成功例（？）だった債券市場や株式市場のバブル高も吹っ飛ぶことになる。

金融マーケットはもちろんのこと、経済全般にも大きな痛手となる。今度こそは、どこの国や中央銀行であろうと、打つ手はそう残されていない。コロナ禍でもあり、経済も社会も相当に混乱してしまうだろう。

そんなひどい状況下、人々は新しい動きの台頭に目を見張るというか、いつでも当たり前のように存在している日々の経済活動を再認識することになる。それは、人々の毎日の生活、つまり実体経済の一時として止まることのない動きだ。

金融バブルが大崩落しようと、債券市場や株式市場でのバブル高が吹き飛ぼうと、多くの企業や銀行が破綻していこうと、実体経済は消えてなくならない。どんな時でも実体経済は動いている。

実体経済？　そう、地球上の人々の毎日の生活だ。そして、人々の生活を支えて

いる企業ビジネスである。

人々の毎日の生活消費と企業の生産供給活動は、表裏関係となって経済のほとんどを成している。政府の関与なんて、ほんの一部にすぎない。

現在、地球上にはもうすぐ78億人に達する人々が生活している。その数は2050年には97億人にもなるとされている（国連人口推計中位値）。毎日20万人ずつ増加している勘定である。

すさまじいスピードの需要増加である。それをベースとした、おそろしく巨大な生活消費と、それに応じようとする生産や供給活動は、一時として止まることはない。バブルがはじけようと、株価が大暴落しようとお構いなしに、実体経済は動き続けているわけだ。

長い間、金融の時代だとか、金融が経済をリードするとか言われてきた。巨額の数字が飛び交う金融ビジネスの華々しい展開にも目を奪われてきた。それが、ここへきて実体経済の存在と、その力強さを人々は再確認することになる。

再確認と同時に、実体経済を支える企業群の株式が大きく買われることになる。この30年間の金融市場主義のような浮ついたものではなく、人々の生活をベースとした企業群の株高だ。

この動きは、どんどん加速しながら広まっていくことになる。それとともに、金融バブル大崩落で大混乱に陥った社会に明るい希望と、地に足がついた経済活動による安心感をもたらしてくれよう。

バリュー投資は死なない

ここまで書いてくると、われわれ長期投資家は大きな流れを読み込んで、一つひとつ手を打ってきたことが、お分かりいただけよう。

第一に、金融緩和と資金の大量供給によるカネあまりバブル株高からは一線を画し、ずっと実体経済を視野に置いた投資に撤してきた。

金融バブルに踊ることなしにやってきたが、それでもバブル運用組に負けないだけの成績は残してきた。

成績を残す？　そう難しいことではない。われわれ長期投資家は生活者にとってなくなっては困る企業を応援しようとする。応援するという以上は、みなが売り逃げに走る暴落相場を断固として買いに行く。

そして、経済情勢や投資環境が好転し、みながガンガンに買い群ってきたら、応援をしばらく彼らにまかせようと、すこしずつ売り上がっていく。これは利益確定の売りであると同時に、次の応援買いのための現金づくりとなる。

長期投資は、この繰り返しを淡々と続けていくだけのこと。その間に、「安く買っておいては、高くなるのを待って売る」の繰り返しで、投資リターンはどんどん積み上がっていく。

時間の経過とともに、再投資の雪ダルマ効果が出てきて、悪くない投資運用成績となっていく。（図8－1）

第二に、金融バブルがいつ崩れても平気でいられるように、投資対象からバブル崩壊リスクがあると思えるものはすべて外してきた。その中には、債券バブル崩壊による長期金利の急上昇リスクも入ってくる。

現在どれほど隆盛を誇っているビジネスでも、金利上昇の波には勝てないであろう業種は、すべて投資対象から外すのだ。具体的な産業名はあえて伏せるが、容易に想像できよう。

【図8-1】**生活者に大事な企業を応援する**

❶生活者目線で大事な企業が大きく売り込まれたら、断固として**応援買い**に入る

❷状況が良くなり多くの投資家が買い群ってきたら、
彼らに応援をまかすべく売って**利益確定**する
同時に、次の売り込まれ局面での買い資金として準備する

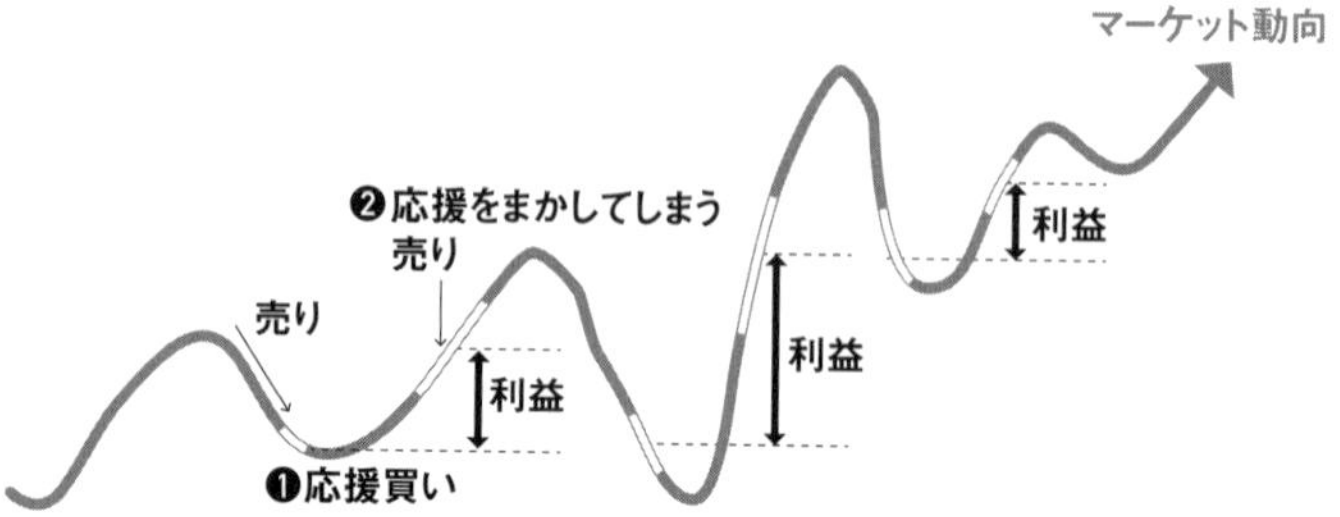

その上で、第3に金融バブル大崩落後の修羅場を経て、世の中が実体経済のへこたれることのない動きを再確認する。そういった流れを、先読み先取りしたポートフォリオを構築しておくのだ。これが、本当の投資運用である。

金融バブルが大崩落し、われわれの投資対象銘柄の多くがV字型の株価上昇となるや、新聞などでは「バリュー投資の復活」と、盛んに書き立てられよう。

なんのことはない、GAFAMやテスラなど急成長企業の株価が大崩れし、グロース株投資熱が引っ込む。それを受けて、バリュー投資が騒がれるのだ。

バリューもグロースもない

実のところ、本格的な株式投資においては、バリューやグロースの区別はない。ゆっくりでも構わないから、長期的に成長していってくれる企業の株を、マーケットが見捨てているような時に買い仕込んでおくのが、投資運用というものである。

いってみれば、長期的なグロース株をマーケットや投資家からは見捨てられていて、市場評価がアンダーバリューの時に拾っておく。その株がどこかで脚光を浴びて大きく値上がりすると、世の中が「バリュー投資はすごい」と大騒ぎしてくれる。

投資なんてものは、安く買っておいて高くなったら売るだけのこと。安い時は相場暴落時などだが、いつ高くなるかはマーケットや投資家次第だから、それを待ってのんびりと長期で構える。

これが長期投資の真髄である。基本は、ていねいな企業調査であるが、将来に向けていまいち不確かで理解できないビジネスは、すべて捨てる。どんなにすごい成長可能性だとマスコミやマーケットで大騒ぎされようと、5年先どうなっているか分からないような企業は、すべて投資対象から外してしまう。

マーケットでは、なにかの加減で暴落することなどしょっちゅうである。そんな時でも泡を食うことなく、むしろ断固たる買い増しに入れるような企業のみを投資対象とするのだ。

その上で、「5年~7年ぐらいで、2倍になればいいや」ぐらいの気持ちで、大きく構えよう。投資リターンを求めてチョコチョコ動きまわるのは、やめておいた方がいい。疲れるだけではなく、どこかで相場の暴落を食らい大火傷する。

5年とか7年で2倍になればいいということだが、年率にすると14・4%とか10・2%のすごい成績だ。毎年これだけの成績を叩き出せと言われたら、相当に頑張らなければならない。

ところが、5年とか7年で2倍になればいいやだと、実に気楽な投資で十分やっていける。これが、「成績を残すのなんて、そう難しくないよ」と言っている背景である。

そう上手くいくものだろうか?

こう書いてくると、「そうそう上手くいくものだろうか」と思われよう。実際、筆者の投資家セミナーでも、しょっちゅう不納得顔での質問を受ける。

でも、よく考えてみれば当たり前のことをやるだけで、実に簡単な作業である。したがって、長期投資は誰にでもできる。すこし説明しよう。

まず、株式市場は大きく買われて上がったり、売られて下がったりを、ずっと繰り返している。日本株市場でいえば、年に3～5回は大きな暴落をする。そういった暴落相場は現実に起こっていることだから、素直に納得できよう。

次に、読者のみなさんが毎日の生活の中で、「この企業と、この企業は絶対になくなっては困る。ずっと頑張ってほしい」と思える企業を選別する。それが、あなたの応援銘柄である。

自分の応援銘柄を定めたからといって、すぐ買いにいってはいけない。のんびりと株式市場の暴落を待つのだ。いざ暴落相場ともなれば、自分の応援銘柄も情け容赦なく売り込まれる。

そこだ、応援買いに出るのは。「なんで、こんなに良い会社を、これほどまでに売り叩くのか。よっしゃ、自分がとことん応援してやるわい」と、断固たる買いを入れる。

その時、「下値はどのあたりかな」とか、「もっと安値があるのでは」などと考えてはいけない。そういった欲を出した瞬間に、長期投資のリズムが狂い、相場追いかけ型に引きずり込まれてしまう。

投資で一番いけないのは欲を出すことである。欲を出した瞬間に、リスクと同居する世界に落ちていく。

安いところで応援買いに入ったら、後はのんびりしよう。自分が買った分だけは、下げ相場を情け容赦もなく売った株主から入れ替わって、本物の応援投資家が株主として登場したよというメッセージを、その会社にも社会にも発信できる。

のんびりと待っている間に、経済情勢や投資環境が好転すれば、株価は大きく上昇してくる。上昇相場とみるや、相場追いかけ型の投資家たちが大挙して買い群ってくる。いってみれば、状況が良くなってから顔を出す、にわか応援団の登場である。

にわか応援団がどんどん買ってきたなら、「しばらく応援を彼らにまかせよう」

と利益確定の売りをすこしずつ出していく。この時も、「もっと上値があるのでは、もっと高値で売ったら利幅はずっと大きくなる」といった欲を出してはいけない。

さっさと売って利益確定したならば、元金も利益も次の暴落相場での応援買い資金として手元に置いておく。間違えても、「まだ上昇相場が続いている。次なる狙い目は、どの株か」などと言って、株式市場に戻っていってはならない。

みなが情け容赦なく売り込んでいるところで断固たる応援買いに出て、にわか応援団が大挙して買い群ってきたところを売った。その結果、まあまあの投資収益が得られた。もう、それで十分である。

次の暴落局面で元利合計とも、またぞろの応援買いにまわしてやれば、立派な再投資となり複利の雪ダルマ効果への第一歩を踏み出せる。この単純作業を繰り返していくだけで、長期の財産づくりは着々と進んでいく。

これが長期投資である。信じられないかもしれないが、リスクといったものをまったく感じないで、のんびりとマイペースで長期投資を続けていける。

リスクを感じない？　そう、生活者として大事な会社ということは、毎日の生活でみなが売り上げに貢献し続けているのだ。売り上げがコンスタントに入ってくる企業であるならば、よほどのことがない限り潰れない。

潰れっこない企業の株を安い時に買って、高くなるのを待って売る投資を淡々と続ければ、利益は着実に積み上がっていく。この作業を、マイペースでリズム良く繰り返すのだ。

そう、相場動向とはつかず離れずの立ち位置を守り、決して相場にのめり込まないこと。もうすこし安値で買おうとか、もっと高値で売れるのではといった欲を出したら一巻の終わりである。

これだけのことを守って株式投資すれば、誰でも簡単に長期の財産づくりができていく。

マーケットでの相場変動なんて、永遠に上下変動を繰り返す。とにかく安く買っては高く売っての応援リズムを守り、ゆったりと投資リターンを積み上げていけば、もう十分である。

長期投資は楽だし、誰にでもできるよ（その1）

われわれ一般生活者がどのように長期投資していけばいいのかは、すでに書いた通り。ちょっと重複するが、大事なことなので簡単に復習しよう。

自分やまわりの人々の生活に現在も、5年先10年先も欠かせないと思える企業の中から好きな会社を選びだす。ずっと応援していくぞと、腹を固めた上でだ。

もちろん、毎日の生活を通しての観察は欠かせない。本当にその企業が応援し続けるに値する企業であるかどうかは、常時チェックしていくのだ。

その上で、株式市場の暴落を待つ。株式市場なんて、年に3回~5回は暴落するもの。だから、そこを待って応援買いに入るのだ。

その時、「下値はどこまでだろうか」とか、「この下げは急だ、もっと下がるのでは」といった相場観を持ち出さない。これは、絶対に守ってもらう。それが、長期投資の原点なのだから。

感情を込めて構わない。「先週までの株価からすると、えらく派手に売られたな。こんなに良い企業なのに、よくもまあ情け容赦もなく売り叩くことよ。だったら、自分が応援してやるぞ」と、熱い思いでもって買い注文を出せばいい。

大事なのは気合である。「みなが寄ってたかって売り叩きに走るのなら、こちらはトコトン応援してやるわい」といった気合、ないしは熱い応援の感情を込めて一向に構わない。

また、そのくらい強い応援マインドなかりせば、そうそう暴落相場を買いにいけるものではない。なにしろ、株価全般が暴落しているのだ。

すこしでも応援買いをためらったが最後、あっという間に相場動向に引きずり込まれてしまう。相場そのものが人々の欲が煮えたぎった世界なのだ。ちょっとでも欲を出した瞬間、果てしない欲望の渦に巻き込まれていく。

人間誰しも欲があり、どうせ買うならできるだけ安く買いたいといった気持ちに駆られるのは、人情というものである。とはいえ、そういった欲の意識がちょっとでも顔を出してくるや、もう買えない。

せっかく、ここで応援にいかなくてはと気合いが入ったのに、もうすこし下値で買った方が得ではないかといった利益計算が、どうしても前面に出てきてしまうもの。「どこで買おうか、もう少し先かな」と思い迷ったまま、ズルズルと応援買いができずに時間を費やすことになる。

これでは生活者投資家として失格である。なにがなんでも応援するぞという意識が薄れて、普通の欲ボケ投資家に成り下がってしまう。

長期投資は楽だし、誰にでもできるよ（その2）

売りも同様である。みなが情け容赦もなく売り叩いているのを、こちらは、応援買いにいった。あの時から比べると、たしかに経済状況も投資環境もずいぶん改善した。株式市場は見違えるほどに活況を呈してきた。

だからこそ余計に、「なんだ、この買い群がりぶりは」と、憤りみたいなものがフツフツと湧き上がってくる。暴落相場で断固たる応援買いに入ったからこその、憤りのような感情が出てきてもおかしくない。

なにしろ、株価が大きく戻ってきたのを見て、ここでひと儲けしてやろうと欲まる出しの連中が、株式市場に雪崩れ込んできているではないか。それこそ、にわか応援団の全員集合だ。

そういった、にわか応援団が我も我もと出現してきたのなら、こちらは薄く薄く売り上がっていこう。「しばらく応援を、あいつらに任せよう」で、欲ボケの連中からは離れるのだ。

こちらは、みなが売り叩いている間に安く買っておいた。どこで売っても利益になるし、次の応援局面での現金づくりもできる。これが長期投資である。実に、楽なもの。

そこで、つまり売り上がっていく段階で要注意なのは、やはり相場動向を気にしないことだ。にわか応援団がやたらと買いに来ている。ならば、「欲ボケの連中に、後はまかそう」ぐらいの気持ちで十分だ。

先ほども書いたように、そこで相場観を持ち出してはいけない。「まだ、さらに高値がありそうだ」とやり出した瞬間、企業を応援するという意識はどこかへ消え去り、普通のゼニゲバ投資にすり替わってしまう。

これは、多くの個人投資家が陥る、見えざるワナである。よほど強く意識していないと、ついついさらなる値上がりを期待してしまう。

見えざるワナ？　そう、相場を追いかけては、「もっと安値で買いたい」とか、「もっと高値でも売れそう」といった欲を出してしまうことだ。ひとたびこの欲が顔を出した瞬間、長期投資家のリズムも、ペースも消えてなくなってしまう。

長期投資は楽だし、誰にでもできるよ（その3）

長期投資家にとって、また生活者投資家にとっても絶対に欠かせないのは、マーケット動向とはつかず離れずの立ち位置を守る。その上で、生活者にとって大事な企業を応援しているという意識を片時も忘れないことだ。

そういった応援意識を大事にすればするほど、自分の長期投資リズムを崩さないで済む。また、相場暴落時に「ここは応援しなければ」の買い仕込みも、平然とした顔で断行できるのだ。

世の多くの投資家たちは、「儲かりそうだ、損しそうだ」で汲々としている。一方、われわれ長期投資家は、ひたすら企業を応援していこうとしか考えない。だから、暴落相場を待ってましたとばかり、買い仕込みにいけるわけだ。

買う時は買う。売る時は売る。それも、相場動向など一切考慮しない。自分のペースで、ひたすら応援心を大事にして安いと思えば買いにいく。決して、相場全体の値動きなど意識しない。

ここは応援するぞと思った段階で買いにいく、そしてにわか応援団が雨後のタケノコのように出てきたら利益確定の売りに入る。このリズムを守ること、そして時間軸を長めに取ること、それが長期投資のすべてである。

時間軸を長めに？　そう、暴落相場を応援買いに入るのは一瞬であるか、ごく短期間の買い仕込み作業である。

一方、売り上がっていくのは上昇相場の熱気がかなり熱くなってきてからだ。その時までには、半年かかることもあれば、2年3年の先となることもある。だから、長期投資というわけだ。

長期投資家にとって大事なのは、相場動向など無視してひたすら自分の応援投資をリズム良く、すこし長めの時間軸で実行していくことだ。それが、当たり前のようにできるようになると、長期投資は本当に楽でいいとつくづく思えてくる。

あえて、つけ加えよう。ここまで書いてきたことを、ためしに実践してみることだ。最初は、ほんの少しの資金で筆者の言う通りにやってみよう。

やってみれば、分かる。なんだ、投資ってこういうことか、本当に楽だねと実感する。この成功体験を積み上げながら、投入する資金を増やしていけばいい。

そう、長期投資は慣れなのだ。それと、企業を応援する意思と覚悟。

生活者投資家の登場

本書の最後を飾るのが、生活者投資家たちが大挙して登場してくるという、今後築いていくべき社会の姿だ。それによって、世の中は様変りに良くなる。

どのように良くなっていくのか？　生活者から見て、現在も将来も絶対になくなっては困るという企業群が、投資対象としてどんどん脚光を浴びる。

それは、毎日の生活消費において、どうせならこれこれしかじかの企業から買おうとする応援買いにつながっていく。ますますもって、一般生活者と企業との間が、しっとりとした関係となっていくわけだ。

もちろん、株式市場が暴落したりすれば、生活者投資家として断固たる応援買いに入る。企業にとっては、なんともありがたい応援株主の登場となる。

よく買収防衛策とかが話題となるが、それも完全に過去のものとなる。株価の大幅下落を見て、生活者投資家が続々と応援買いに登場してくれれば、アクティビスト連中などの安値買い仕込みを自然とブロックしてしまえる。

生活者投資家の存在が大きくなればなるほど、企業もより長期視野に立った経営に邁進できる。最近頻繁に機関投資家などの大株主から迫られる短期の利益最大化指向に対し、実に心強い応援株主の登場となる。

そう、生活者投資家と企業とが手を取り合って、より良い社会をつくっていく方向で共同作業を進めることになるのだ。それも、現在が良ければぐらいでは終わらず、5年先10年先に向けての共同作業だ。

共同作業？　そう、お互いに将来に向けてはっきりと責任を持とうとすることだ。機関投資家など雇われ運用者たちが、自分の給料やボーナスのために毎年の成績を追いかけまわすのとは、えらい違いである。

そういった生活者投資家だが、その潜在パワーたるや途方もなく大きいものがある。ちなみに、個人金融資産1883兆円のうち、933兆円もが預貯金に眠っているのだ。（日銀速報、2020年6月末）

これは、世界最大の眠れる資源と言っていい。その持ち主である一般生活者が、自分の預貯金の30％でも長期投資にまわすようになれば、すごいことになる。なんと、311兆円もの巨額資金が企業応援投資に向かうのだ。

公的年金資金の170兆円を、はるかに上回る日本最大の株主となる。それどころか、東京株式市場の時価総額のおよそ半分を生活者投資家が押さえてしまうのだ。

生活者投資家が機関投資家のカウンター勢力に

年金をはじめとする機関投資家の多くが、世界の金融や経済を荒らしまくっている。彼らが唱える表面上のきれい事は、いかにももっともらしい。だが、時々刻々とつくり上げていっている現実を見るに、一刻も早く止めてくれと言いたくなる。

表面上のきれい事？　彼らはいつも年金受益者の老後設計の柱となるべく金銭的安心感を高める。資金を受託運用する責任とプロ意識をもって運用成績を積み上げていくと言っている。どれもこれも、すばらしいことではないか。

また、機関投資家としてもＳＤＧｓ（Sustainable Development Goals）の精神を先取りして、より良い将来社会を築いていく一翼を担う。持続可能な社会を先導する企業を率先して応援していく。実に、きれいな言葉が並んでいる。

それで、一刻も早く止めてくれというのは？

残念ながら、現実は大違いもいいところ。機関投資家の運用現場は、ひたすら運用成績という数字を追いまわすだけの、なんとも無機質で殺伐とした空間となっている。

最近は、コンピューターの活用も高度化ハイスピード化し、超高速での売買指示が飛び交っている。そこには、もはや人間の判断などが入り込む余地は、ほとんどない。

コンピューターも、いかに短期間でより多くの売買益を積み上げるか。それを唯一の要件定義としてプログラミングされている。より良い社会も、Sustainableな目標も、はじめからプログラムの中には入っていない。

運用現場の話だけではない。機関投資家は巨額の資金を運用しているが、それこそSustainableな社会を築いていく意思も責任意識も、まるで持っていない。

現に、巨額な資金の運用先では「もういい加減にしろよ」と言いたくなるほど、ひどい惨状を山ほど積み上げている。目先の運用益を片っ端からすくい取っていく中で、全体最適などまったく考慮しないのだ。

運用成績という部分最適の追求で、社会にどれほど無責任を撒き散らしているか、まるで意識していない。

彼らは毎年の成績を積み上げるためにはと、どれほどえげつないアクティビストだろうと投資ファンドだろうと、お構いなしに連中の巨大な後ろ盾となっている。それでもって、企業に短期利益最大化の経営を迫り、それではまだ足らないと、企業や事業部門の切り売りにも賛同する。

年金はじめ機関投資家資金の出し手は一般個人、つまり生活者である。いくら運用成績を上げるのが与えられた責任とはいえ、生活者の資金を運用していく先で、企業を切り刻んだり、工場閉鎖を強力にバックアップしたりするなんて、大きな矛盾である。

生活者のための資金を預り運用する先で、生活者の生きていく基盤を次から次へと破壊していっているのだ。実におかしな展開である。生活基盤を破壊したり、崩したりしてしまう運用なんて、一刻も早く止めてほしい。

もっとも、そういったえげつない企業切り刻みも、競争力を失った企業が退場していくのを促す役割は否定しない。

しかし、アクティビストそしてその裏に控える機関投資家たちは、たっぷりと現金を短期間に吸い上げられるのなら、どの企業をターゲットにしても構わないという姿勢で動いている。

そういった、企業を食いものにする最近の傾向には、なんとしてでもブレーキをかけたいものだ。株主圧力とかで、このまま企業を弱体化させていけば、経済も社会も悪くなる一途となる。


年金などの運用の仕組みは、そう簡単には変えられそうにない。ということは、生活者の年金資金を運用する機関投資家も、相変わらず毎年の成績を追いかけまわることを止めない。

そして、その先ではアクティビストたちと一緒になって、企業を短視野経営に追いまくっている。彼らは短期の利益獲得に走るあまり、後は野となれ山となれの横暴を続けることになる。

そういった現状に対し、どうすればいいのか？　生活者投資家という新しい概念を広めていき、生活者投資家というグループが世界の機関投資家に対するカウンター勢力となることだ。

新しく制度をつくるのではない。まずは一般生活者が自分の財産づくりにおいて、長期投資がどれほど有用で強力な味方となるかを実体験することだ。

一度、長期投資の良さを味わったら、もう止められない。そういった、我も我もの長期投資の流れを「社会的なムーブメント」にしていくのだ。

誰にでも簡単にできる長期投資が社会に広がっていけば、もうそれだけで年金など機関投資家に対する強力なカウンター勢力となっていく。

おもしろいことに、年金は国の制度でガチガチに縛られている。どれだけ運用の現場が経済そして社会を荒らしまわろうと、そう簡単には廃止できない。

だが、生活者投資家のグループは個人個人の自由自在なる集まりである。自分たちの運用が、おかしな社会をつくっているとなれば、それに気付いた人からさっさと方向修正していくだけのこと。

ともあれ、生活者が自分の長期投資を進めるのは、どれだけすばらしいことか。自分たちに大事な企業をずっと応援し、長期視野の経営をサポートができる。

その先では、持続的な社会の発展を文字通り応援していくことにもなる。

おわりに

世界の金融マーケットや経済だが、この先どうなっていくのだろうか？　現状を見ながら是々非々で判断するのか、ここは思考力をフル回転させるのか、突き詰めるとそのどちらかしかない。

本書では、思考力を採った。われわれ長期投資家は、現状がこのまま続くとする固定的な考え方で安穏とはしない。いつでも、これから起こり得る可能性とリスクについて徹底的に考える。

高値追いを続けるNY株式市場を見ていると、「現状のまま」がダラダラ続く可能性は高い。世界的なカネあまりが広く浸透していて、必要とあらばいくらでもバラ撒くと、米FRBはじめ各国の中央銀行が言明している。

マネーがふんだんにまわっていれば、経済はそれなりに動く。企業経営の現場でも、資金ショートの恐れや金利コスト上昇の圧迫を感じないから、そこそこやっていける。それに安心感を覚えて、株式市場では高値追いを続けられる。

たしかに、各国政府の財政赤字や債務残高は異常に膨れ上がっている。かといって、各国でどんどん増発されている国債がデフォルト（債務不履行）に陥る懸念はまったく感じられない。

ハイパーインフレを引き起こすからということで、財政ファイナンスは法律で禁じられているが、各国は平気でその禁を踏みにじろうとしている。日銀に至っては、もうすでに国債発行残高の57％をも保有している始末だ。

ひどい財政状況だが、誰もそれほど不安を感じていない。それどころか、コロナ対策で各国とも一層の財政出動を求められている。

こういった現状を見る限り、この状況はまだまだ続くのではと判断したくもなる。それどころか下手に疑問を呈すると、仕方ないじゃないか、他になにか方法があるのかと反論されてしまう。

一方、考えれば考えるほど、こんな状況はそう長く続くはずがないとなる。現状のどれひとつ取っても、このまま続けられっこないと考えざるを得ない。

たしかに、マネーはまわっている。しかし、それは株式市場でのバブル高を追っかけたり、一部の高所得層の間で富の蓄積が進んでいるだけのこと。

一方、先進各国において貧富の差は加速的に拡大しているし、多数の国民の低所得化は不気味なほど急速に進んでいる。

膨れ上がる一途の国債発行も、中央銀行を駆り立てた財政ファイナンスに頼っているだけのこと。きわめて不健全な財政運営である。こんな綱渡りが、いつまでも続く保証はない。

ましてや、大量に発行され続けている国債など、一体どうやって償還していくのか？　その資金手当てはどうするのか？

考えれば考えるほど、これはもう無理。どこかでこの無理が破綻するのだろう。そう思えてくる。

おそらく、世界の金融マーケットも経済もガタガタに崩れ落ちていくのだろう。そうなるしかない。

とはいえ、ガタ崩れの大混乱の中でも、またハイパーインフレとなっても、世界経済は動いていよう。人々の毎日の生活をベースとした消費と、それを支える生産供給活動は、世の中でなにが起ころうとずっと存在する。

むしろ、その当たり前の当たり前が再認識されるのだ。ガタ崩れとなった世界の金融や経済の横で、スッキリした経済や社会が戻ってくるのだ。

われわれ本格派の長期投資家が拠って立つところも、まさにここである。

そう、金融バブル崩壊から世界経済もガタガタに混乱するが、経済活動が消えてなくなってしまうわけではない。自由競争経済ではごく普通の、優勝劣敗と適者生存による企業選別が進むだけのこと。

それは、まさに本格的な長期投資つまりアクティブ運用の世界である。そこでは、人々の毎日の生活に欠かせない企業、それも10年先も20年先もずっと頑張ってもらいたい企業が選別されていくだけのこと。

やはり、本物の長期投資が生き残ることになる。読者のみなさん、一刻も早くわれわれと同じ長期投資の世界に雪崩れ込もうではないか。

澤上 篤人

さわかみ・あつと

さわかみ投信取締役会長。1947年、愛知県名古屋市生まれ。1973年、ジュネーブ大学付属国際問題研究所国際経済学修士課程履習。ピクテジャパン(現・ピクテ投信)代表取締役を経て、1996年にさわかみ投資顧問(現・さわかみ投信)を設立。1999年に、日本初の独立系ファンド「さわかみファンド」の運用をはじめる。同社の投信はこの1本のみで純資産は約3400億円、顧客数11万6000人を超え、日本における長期投資のパイオニアとして熱い支持を集めている。著書多数。『日経マネー』で2000年9月号から連載執筆中

草刈 貴弘

くさかり・たかひろ

さわかみ投信取締役最高投資責任者 兼 ファンドマネージャー。東洋大学工学部建築学科卒業。舞台役者、SBIフィナンシャルショップを経て、2008年10月にさわかみ投信に入社。2010年4月に運用調査部に異動。2013年1月より最高投資責任者 兼 ファンドマネージャー、2015年6月、取締役に就任

金融バブル崩壊

危機はチャンスに変わる

発行日 2021年2月8日 第1版第1刷発行
2021年3月19日 第1版第4刷発行

著者 澤上 篤人 草刈 貴弘

発行者 伊藤 暢人
発行 日経BP
発売 日経BPマーケティング
〒105-8308
東京都港区虎ノ門4-3-12
https://business.nikkei.com/
編集 藤田 宏之 山崎 良兵
校正 円水社
装丁・DTP 中川 英祐(トリプルライン)
印刷・製本 大日本印刷株式会社

本書に関するお問い合わせ、ご連絡は下記にて承ります。
https://nkbp.jp/booksQA

ISBN 978-4-296-10862-6